COLEÇÃO
TEMAS & EDUCAÇÃO

Mídia & Educação

José Marques de Melo
Sandra Pereira Tosta

Mídia & Educação

autêntica

Copyright © 2008 by os autores

COORDENAÇÃO DA COLEÇÃO TEMAS & EDUCAÇÃO
Alfredo Veiga-Neto

CONSELHO EDITORIAL
Alfredo Veiga-Neto – ULBRA/UFRGS, *Carlos Ernesto Noguera* – Univ. Pedagógica Nacional de Colombia, *Edla Eggert* – UNISINOS, *Jorge Ramos do Ó* – Universidade de Lisboa, *Júlio Groppa Aquino* – USP, *Luís Henrique Sommer* – ULBRA, *Margareth Rago* – UNICAMP, *Rosa Bueno Fischer* – UFRGS, *Sílvio D. Gallo* – UNICAMP

EDITORAÇÃO ELETRÔNICA
Conrado Esteves

REVISÃO
Bárbara Mendonça

Todos os direitos reservados pela Autêntica Editora.
Nenhuma parte desta publicação poderá ser reproduzida,
seja por meios mecânicos, eletrônicos, seja via cópia
xerográfica, sem a autorização prévia da editora.

AUTÊNTICA EDITORA LTDA.
Rua Aimorés, 981, 8º andar. Funcionários
30140-071. Belo Horizonte. MG
Tel: (55 31) 3222 68 19
TELEVENDAS: 0800 283 13 22
www.autenticaeditora.com.br

Dados Internacionais de Catalogação na Publicação (CIP)
(Câmara Brasileira do Livro)

Melo, José Marques de

    Mídia & Educação / José Marques de Melo, Sandra
Pereira Tosta -- Belo Horizonte : Autêntica Editora, 2008. --
(Coleção Temas & Educação)

    Bibliografia.

    ISBN 978-85-7526-350-1

    1. Comunicação de massa na educação I. Tosta,
Sandra Pereira. II. Título. III. Série

08-08486   CDD-371.33

Índices para catálogo sistemático:
1. Mídia, educação e cidadania   371.33

Sumário

Apresentação... 7

Prefácio.. 9

Capítulo I
Comunicação e educação............................... 11

Fronteiras.. 11

Comunicação: complexidade e amplitude.................... 12

Idade mídia.. 14

O campo da Educação... 15

O papel social da escola.. 20

Mídia e escola: espaços de socialização...................... 24

Interações educomidiáticas.. 27

Capítulo II
Mídia e cidadania.. 29

Comunicação midiática.. 29

O que é mídia? 30

Sistema.. 30

Poder... 31

História.. 31

Imprensa.. 32

Cinema e rádio... 33

Aldeia global.. 34

Dilemas.. 35

Cenários... 36

Contradições... 37

Vigilância cidadã.. 38

Capítulo III
Mídia e sociedade.. 41

Raízes históricas... 41

Arquipélago cultural.. 42

Polarização	42
Hegemonia televisiva	43
O "patinho feio"	44
Formadores de opinião	45
Internet	46
Mídia cidadã	46
Transição lenta e gradual	48

Capítulo IV
Mídia e escola ... 49
Caminhos cruzados ... 49
Comunicação cultural ... 50
Vivemos no mundo e com o mundo ... 53
Comunicação e Educação ... 53
Convergências, divergências ... 56
Tecnocultura ... 57
Meios de comunicação na escola ... 60

Capítulo V
Iniciativas nas interfaces ... 63
Paradigmas históricos ... 65
Cassete-fórum ... 66
Leitura crítica da comunicação ... 68

Capítulo VI
Desafios educomidiáticos ... 73
Atualização histórica ... 73
Exclusão cognitiva ... 76
Cultura do silêncio ... 83

Referências ... 87

Apêndice A
Educação no Brasil: diretrizes para o magistério ... 91
Apêndice B
Educomídia no Brasil: cronologia dos precursores ... 94
Apêndice C
Fontes multimídia: ONGs, revistas, livros e portais ... 97

Os autores ... 110

Apresentação

Este livro foi elaborado para atender, prioritariamente, mas não só, aos profissionais da comunicação e da educação, frente à constatação de que ambos, no exercício de suas profissões, pouco conhecem sobre os campos de um e de outro.

Se por um lado, são indiscutíveis a importância e presença física ou virtual dos meios de comunicação em todos os setores da vida social, por outro, e de não menos importância, reconhecemos o papel crucial que a educação tem no desenvolvimento dos indivíduos e da sociedade.

Se consideramos que tais dimensões são marcas fundamentais da sociedade contemporânea e se apresentam como possibilidades de interação, em vista do aperfeiçoamento do bem público (tanto a informação, quanto a educação assim o são), faz-se necessário, senão urgente, a compreensão de como tais campos podem interagir tendo em vista a consolidação de uma sociedade democrática em que os mecanismos para o exercício da plena cidadania estejam desobstruídos e acessíveis a toda e qualquer camada da população de modo mais igual e justo.

Preocupados com esses e tantos outros desafios é que apresentamos aos leitores este texto, que, despretensiosamente, tem como objetivo oferecer aos profissionais da mídia e aos profissionais da educação elementos históricos e conjunturais que poderão facilitar a compreensão conceitual e empírica de como pensar uma educação midiática e uma mídia educativa.

Assim é que formulamos este livro e trabalhamos ao longo dele com a idéia de que um profissional destes dois campos – o "educomídia" – pode ser formado e ter uma atuação que busque a convergência entre eles: a escola ensina, a mídia, também. Operando com lógicas de aprendizagem distintas, sim, mas podendo constituir um campo comum no qual circulam saberes e fazeres em prol de uma educação que considere o sujeito em sua dimensão integral. E de uma comunicação que não se perca nas tecnologias, às vezes, consagradas e celebradas equivocadamente como a solução de todo e qualquer problema.

O livro, resultado de nossas ações e reflexões em ambos os campos, busca dialogar criticamente com a história da educação e da comunicação, da escola e da mídia, recuperando autores e idéias, projetos e iniciativas que nos possibilitam articular a interface mídia e educação em termos de propostas, conteúdos, metodologias e de formação e atuação profissional.

Ao final, apresentamos os precursores da mídia educação no Brasil, a legislação sobre o magistério e uma biblioteca multimídia e comentada sobre livros, revistas, sites, filmes. Há também uma relação de ONGs do País que vêm desenvolvendo projetos de educomídia.

Desejamos uma boa e proveitosa leitura a todos, e que esta obra inspire profissionais da educação e da mídia no exercício de suas atividades, seja na escola ou fora dela, nos meios de comunicação ou fora deles.

José Marques de Melo
Sandra de F. Pereira Tosta

PRFEFÁCIO

Pode um professor ou uma professora se alhear do mundo da mídia? Pode um agente da comunicação se distanciar do sentido de autonomia próprio da educação como conquista de si e da cidadania?

Mídia & Educação, livro em boa hora vindo a público, traz a contribuição atual e crítica dos seus autores, de um lado, para o campo educacional e, de outro, para o espaço cada vez mais presente, amplo e diversificado da comunicação. O professor, o comunicólogo, como intelectuais que se queiram atuantes na sociedade, dentro de sua complementaridade, não podem abdicar da reflexão e da prática sobre esses dois campos tão próximos e tão interativos.

Este livro fala das pontes entre esses dois espaços: a Comunicação e a Educação. Com efeito, a retração dos espaços públicos mais tradicionais em favor da presença de outros faz com que, muitas vezes, se veja a mídia com certa desconfiança. Não poucos vêem nela um mero espaço de trânsito rápido de informações ou de seara insidiosa em vista do consumismo e da diversão banal. Ora, para se fazer presente dentro de um mundo tão real quão insinuante, cumpre que se tenha em mente a dupla dimensão da educação.

De um lado, a autonomia como conquista de si e de leitura crítica do mundo (da raiz latina *educere*) e, de outro, a educação como heteronomia (da raiz latina *educare*) como perda de si em favor de comandos explícitos ou implícitos de uma autoridade mediática. Dessa tensão permanente entre autonomia e heteronomia, tanto educadores como comunicólogos devem partir para que possam construir conhecimentos pertinentes e se façam ouvir. Sem um mergulho no mundo da mídia, seus contrastes, suas contradições, o educador não terá condições de "reeducar" seus estudantes para a autonomia de si, condição para a consciência crítica face à sociedade em que transita. Para *sair* do espaço tradicional das academias é preciso *reentrar* nos arcanos do mundo mediático, para dele, de novo, *tornar a sair* como um agente cultural que saiba articular diferentes linguagens e buscar o sentido mais profundo das coisas.

Para tanto, a educação como lugar de uma *solidão* (que não é isolamento) individual e coletiva é o momento de apropriação dos sentidos da sociedade para, então, fazer da *Comunicação* (que não é nem comando e nem extensão) o momento da tradução crítica dessas linguagens em suas luzes e sombras.

Eis o escopo maior desse livro: não se furtando à contradição entre a autonomia e a heteronomia trazida pelas novas linguagens mediáticas, ele se põe como uma chamada pedagógica à inclusão comunicacional. Tal proposta se dá pela interação multidisciplinar que desperte os estudantes, futuros educadores, para a elaboração de conhecimentos que nasçam das realidades vividas por todos aquelas trazidas pelas informações da mídia. Assim, educadores e comunicólogos terão legitimidade para voltarem a se manifestar, comunicativamente, de modo analítico e compreensivo diante das exigências que se colocam para a Educação.

Prof. Carlos Roberto Jamil Cury – PUC Minas

CAPÍTULO I

COMUNICAÇÃO E EDUCAÇÃO

Fronteiras

Sistema constituído pelos meios de comunicação de massa, a *mídia* funciona em convergência histórica com a rede educativa, particularmente a escola, onde se concretiza a formação dos cidadãos, sob a égide do Estado.

Já a *escola* tem seus alicerces fundados na racionalidade iluminista, trabalhando de modo seqüencial, ordenado e sistemático, enquanto a mídia se estruturou de forma mais ágil, acompanhando os princípios da modernidade para atuar como um mosaico: informal, veloz, disperso.

Apesar de operarem segundo lógicas distintas, os dois sistemas estão em relação freqüente, possuindo laços de dependência. Foi natural, portanto, que o mundo acadêmico pretendesse compreender os fatores que os aproxima e ao mesmo tempo os torna antagônicos. Desse esforço reflexivo sobre as fronteiras entre a educação e a comunicação surgiu uma interdisciplina, na verdade um campo em construção, denominado "educomídia".

Nossa proposta de discutir educação e comunicação parte da idéia de interfaces que reconhecem as singularidades de cada um, embora prestem mais atenção aos aspectos comuns, articuladores.

Contudo, antes de discorrer sobre esse terceiro campo, é fundamental voltar aos campos de origem, elucidando os fatos, tendências ou valores que interferem nessa interface.

Comunicação: complexidade e amplitude

Como entender a complexidade do campo comunicacional?

As palavras não surgem por acaso, mas para nomear fenômenos que a cada tempo histórico demandam explicação. Assim é com o vocábulo "comunicação", que pode ser entendido como "transmissão de informação"; é o que dizem o jornal e a TV, é o computador, é o quarto poder, etc. Senso comum que, na verdade, não é tão distinto dos estudos sobre a comunicação, os quais também apresentam diferentes premissas a respeito.

De toda maneira, um primeiro significado para a comunicação é a idéia do diálogo, no qual duas pessoas – emissor e receptor – trocam idéias, informações ou mensagens. Contudo, sabemos que o fenômeno comunicativo não se restringe a duas pessoas, como também sabemos que os animais se comunicam, que há comunicação entre máquinas, desde as mais simples, como um telefone, até os sofisticados sistemas digitais. E, ainda, que há variados tipos de comunicação: gestual, visual, simbólica, falada, escrita, de massa, digital, etc.

Para complicar um pouco mais o quadro, a comunicação vem sofrendo, ao longo do tempo, uma série de mutações em seu significado: 1) a trivialização do objeto (uma comunicação ou um comunicado); 2) os meios físicos de transporte, as vias, estradas de ferro e rodagem, rios, canais; 3) os meios tecnológicos de transmissão de informação, isto é, a mídia (imprensa, cinema, rádio e televisão).

Assim, faremos um recorte sobre a temática da comunicação e enfocaremos neste livro aquela que aparece tardiamente na história da humanidade. Constitui uma das mais importantes características da modernidade, distingue-se da comunicação humana pelo uso de tecnologias específicas e pelo surgimento de instituições responsáveis pela sua produção, fenômeno esse que se convencionou chamar de meios de comunicação de massa (MCM), *mass media* ou simplesmente mídia.

Fato é que temos em vista o surgimento de um campo de conhecimento nas ciências do humano que, a exemplo de qualquer outro, surge como conseqüência das demandas coletivas. Como explica Marques de Melo (2003), a constituição de um novo campo de conhecimento necessariamente resulta da confluência da práxis (saber acumulado pelas sociedades) e da teoria (apropriação do saber prático pela Academia que o submete a permanente reflexão e sistematização). Ou seja, trata-se sempre do resultado de um processo destinado a compreender e a controlar os fenômenos sociais emergentes em cada época histórica.

> Começa-se na sociedade, robustecido pelo senso comum. Amplia-se e desenvolve-se no interior das organizações profissionais, culminando com sua legitimação cognitiva por parte da academia. (Marques de Melo, 2003, p. 33)

Assim, consoante a noção de campo social, a comunicação é um campo científico. Emerge no conjunto das chamadas Ciências Aplicadas, tais como Engenharia, Direito e Medicina. Pensar em termos de uma definição ou demarcação teórica do que vem a ser objeto da comunicação é tarefa complexa, e definir o seu campo também o é.

Afinal, é quase impossível delimitar as fronteiras entre a Comunicação, a Sociologia, a Filosofia, a Psicologia, etc. Isso só seria possível se considerássemos as diferenças de abordagem em relação ao fenômeno humano da comunicação. Como não é esse o caso, entendemos que a Comunicação é um campo genuinamente interdisciplinar. Especificidade que se torna evidente quando nos damos conta da riqueza semântica da palavra, dos diferentes sentidos e interpretações que ela evoca, sobretudo frente à constatação de que os processos comunicativos atravessam toda a extensão das Ciências Humanas.

Marques de Melo (2003) apresenta a Comunicação como uma "ciência em crise", tomando como base a crise de paradigmas na Ciência moderna. Para o autor, reconhecer a existência de crises no pensamento científico é profundamente salutar. Ela anuncia o surgimento de novas teorias que rompem com uma tradição de prática científica hegemonicamente estabelecida e introduz novas tradições que se completam com regras diferentes e de acordo com um marco referencial, também distinto.

Por isso, diz o autor, que o campo comunicacional comporta um conjunto de disciplinas composto por cinco segmentos de atividade intelectual (MARQUES DE MELO, 2003, p. 36-37):

> *Artes:* linguagens e estilos, formatos e tendências (estética, artes plásticas, literatura);
>
> *Humanidades:* reflexões e especulações sobre sua natureza e impactos sociais (da Filosofia da Comunicação à Pedagogia e à História da Comunicação);
>
> *Tecnologias:* suportes que permitem a difusão das mensagens (imprensa, telecomunicações, informática);
>
> *Ciências Sociais:* análises sistemáticas sobre os fatores que determinam os atos comunicacionais e seus reflexos no organismo social (da Sociologia da Comunicação à Antropologia da Comunicação, passando pela Ciência Política aplicada à Comunicação – seja no âmbito da Comunicação Política ou das Políticas de Comunicação – e pela Psicologia da Comunicação – na vertente da opinião pública ou do imaginário coletivo);
>
> *Conhecimento Midiológico:* saberes acumulados no interior das corporações profissionais e das agências produtoras de bens midiáticos. Eles fazem a simbiose entre as práticas legitimadas pela aplicação cotidiana e as inovações advindas das universidades ou dos centros de pesquisa que prestam serviços especializados. Incluem-se aqui: Jornalismo, Publicidade e Propaganda, Relações Públicas, Bibliologia, Hemerografia, Cinematografia, Radialismo, Teledifusão, Entretenimento e Cibermídia.

Idade mídia

Pensando em termos de História da Comunicação (DEBRAY, 1993), é possível afirmar que o fenômeno passou por três grandes períodos ou idades.

A primeira e mais longa foi a comunicação mediada pelos sons, signos escritos, gestos, quando o diálogo das pessoas podia ser vivenciado em comunidades. As interações ocorriam face-a-face e a distância física não era o pressuposto mais difícil da integração social.

A segunda ocorreu com o advento das tecnologias eletrônicas e sua inserção na vida social produtiva. Nessa idade, a comunicação deixou de ser *mediada* para se tornar *midiática*, isto é, a presença da técnica passou a ser o novo modo pelo qual os homens dialogavam à distância. É um tipo de comunicação que se desenvolveu no contexto da industrialização e da urbanização, marcas do processo societal contemporâneo.

Já na terceira idade, na qual estamos mergulhados, o processo de industrialização dá lugar à sociedade dos serviços, das linguagens e dos processos comunicacionais. A comunicação deixa de ser apenas *midiática* e *coletiva* para se tornar *digital*, baseada não mais na representação, mas na simulação do performático e no visual.

Estamos inseridos nessa terceira fase da História da Comunicação, equivalente à era digital, e nem sequer conseguimos dimensionar as conseqüências dessa "revolução tecnológica", ou saber se iremos desaguar em uma quarta fase, ainda mais veloz ou complexa. Por isso, os estudos relacionados à comunicação midiática, dos meios eletrônicos, principalmente a TV, são da maior importância e atuais, já que a "telinha" ainda é a principal fonte de informação no mundo.

O campo da Educação

Educação significa "a ação e o efeito de educar-se", o que, na tradição latina, remete ao desenvolvimento e aperfeiçoamento das faculdades morais e intelectuais das gerações mais jovens por meio de preceitos doutrinários.

Os chamados "sistemas nacionais de ensino", como se apresentam para nós na atualidade, datam de meados do século XIX e foram inspirados no princípio iluminista de que a educação é um direito de todos e um dever do Estado. Esse direito decorria do tipo de sociedade correspondente aos interesses da burguesia, a nova classe que se consolidava no poder. Para superar a situação de opressão própria do Antigo Regime e ascender a um tipo de sociedade fundada no contrato social celebrado livremente entre os indivíduos, era necessário vencer a barreira da ignorância, transformando os súditos em cidadãos. A forma de se alcançar tal objetivo era por meio do ensino formal. A escola era vista como o grande instrumento para redimir os homens de "seu duplo pecado histórico: a ignorância, miséria moral e a opressão, miséria política" (ZANOTTI, 1972. In: SAVIANI, 2003, p. 6).

Assim, os objetivos da escolarização em massa que se edificou no século XIX, em uma experiência histórica sem precedentes, têm como grande tarefa a generalização do acesso a uma cultura que, até então, fora reservada à elite clerical e aos poucos alfabetizados e letrados (FORQUIM, 1993, p. 43). E incide diretamente sobre a cultura oral e comunitária, ou *folk culture* como veremos mais à frente, ameaçada pela Revolução Industrial urbana.

Em outros termos, a escola surge como instituição profilática contra a ignorância, com o objetivo de difundir a instrução, transmitir os conhecimentos acumulados e sistematizados pela humanidade, tendo como figura central o professor: aquele que organiza o processo de ensino-aprendizagem, transmitindo seu acervo cultural aos alunos. A ele caberia assimilar os conhecimentos que lhe são transmitidos.

Para cumprir com esse objetivo, as escolas foram organizadas em classes, cada uma contando com um professor expondo as lições que os alunos deviam seguir atentamente e aplicando os exercícios que estes deveriam realizar disciplinadamente. A esse modelo de educação deu-se o nome de *Pedagogia Tradicional,* a qual era baseada nos ensinamentos do filósofo alemão Johann Friedrich Herbart (1776-1841).

Contudo, ao entusiasmo dos primeiros tempos, sucedeu, progressivamente, uma crescente decepção. A escola não conseguiu ser universal, como se pretendeu. Nem todos nela ingressavam, e nem todos que ingressavam eram bem-sucedidos. Tampouco fez a "equalização social", uma vez que as desigualdades existentes no processo educativo faziam parte de fatores não apenas culturais, mas estruturais (políticos, econômicos, entre outros) que determinam a própria formação desigual da sociedade. Frente a esse fracasso, agora considerado um fracasso escolar, a escola teve que se renovar.

A Escola Nova é vista por estudiosos da educação brasileira como um divisor de águas na História da Educação. Buscou mudar o eixo de preocupação do ensino, que era centrado no professor, para focalizar o aluno e sua aprendizagem. No quadro da Pedagogia Contemporânea, a corrente escolanovista pode ser vista como um amplo painel de autores, métodos e práticas, difundidos em países com contextos diferentes. A partir do norte-americano John Dewey (1859-1952), desenvolveu-se com a médica italiana Maria Montessori (1870-1952), com os psicólogos suíços Édouard Claparéde (1873-1940) e Jean Piaget (1869-1980) e com o brasileiro Paulo Freire (1921-1997).

Na seqüência dos estudos psicológicos, o tecnicismo pedagógico teve origem na matriz behaviorista ou comportamentalista, especialmente nos trabalhos do psicólogo norte-americano Burruhs Frederic Skinner (1904-1990). Transpondo para o campo educacional e partindo da idéia de que o comportamento pode ser controlado por meio de uma dinâmica de estímulo-resposta, originou-se a Pedagogia Tecnicista, fomentando uma tradição de auto-aprendizado. Foram os protótipos das "máquinas de aprender", criadas por psicólogos norte-americanos na década de 1920, os quais difundiram, de maneira sistêmica, o emprego do que hoje se discute tanto: a tecnologia na educação.

Neste contexto, o canadense Marshall McLuhan, professor de Teoria da Literatura, teórico da comunicação de massa ainda nos anos de 1940/50, analisou a mídia, destacando a importância do lugar dos meios no processo comunicativo e deslocando a ênfase do sentido produzido para o próprio canal que veicula o conteúdo. Um dos chavões mais conhecidos e popularizados pelo próprio autor em sua participação em programas da própria mídia, especialmente o rádio, era o de que "o meio é a mensagem". Ou seja, a revolução da comunicação nada mais seria do que a formação de um ambiente técnico, no qual o homem moderno encontraria a satisfação de suas necessidades na interação com dispositivos que ampliariam a função dos órgãos do corpo (Tosta, 1995).

Uma outra contribuição para a inter-relação comunicação e educação, na época, veio do pedagogo russo Lev Semenovich Vygotsky (1896-1934). Ele *construiu sua teoria* tendo por base o desenvolvimento do indivíduo como resultado de um processo sócio-histórico, enfatizando o papel da linguagem e da aprendizagem. A questão central abordada pelo autor era a aquisição de conhecimentos pela *interação* do sujeito com o meio. A mediação é conceito central dessa teoria, pois, enquanto sujeito do conhecimento, o homem não tem acesso direto aos objetos. Esse acesso é mediado por recortes do real, operado pelos sistemas simbólicos de que o sujeito dispõe. A mediação se dá por duas vias: os instrumentos e os signos que medeiam o confronto homem/mundo.

Embora a Pedagogia Nova, a Tecnicista e as contribuições de Vygotsky tenham sido importantes no processo de aproximação da Comunicação e da Educação, foi o pedagogo Celestín Freinet quem se referiu diretamente à comunicação, dando sentido à comunicação de massa, que, na sua época, se restringia aos jornais impressos. Mesmo sem viver em um período marcado pelos meios eletrônicos, como o rádio e a TV, ou pela tecnologia digital, como a internet, Freinet foi capaz de pensar uma Pedagogia que despertasse, em seus alunos, uma visão crítica dos meios de comunicação. E mais do que isso: propôs que, além de meros receptores, os alunos poderiam também ser produtores – idealizando metodologicamente o que viria a ser o "jornal escolar". Sendo assim, pode-se concluir que, na História da Educação, nenhum outro nome contribuiu tanto com a inter-relação Comunicação e Educação quanto esse pedagogo francês.

O principal aspecto de identificação de Freinet com a Escola Nova foi o princípio da atividade enquanto motor de aprendizagem. O estudioso compartilhava alguns referenciais teóricos com a Escola Nova, como a criança no centro das preocupações da escola, em oposição à Escola Tradicional, centrada no professor e nos programas. Contudo, apesar dos princípios em comum, os caminhos se distanciaram pela própria realidade bastante diversa das escolas burguesas. E na perspectiva da inter-relação Comunicação e Educação, sua maior contribuição foi, sem dúvida, o interesse pelo uso do jornal em sala de aula, tanto que, ainda na primeira metade do século XX, Freinet já falava desse novo enfoque para o jornal escolar, que não poderia (nem deveria) estar a serviço de uma pedagogia escolástica, porque lhe diminuiria o alcance. O jornal escolar, para o autor, deveria preparar para a vida.[1]

Mais recentemente ganhou corpo a Pedagogia Libertadora de Paulo Freire. Falar de Paulo Freire não é tarefa fácil para ninguém, pois seu pensamento se constitui como uma síntese de diferentes experiências e tradições filosóficas bastante complexas de serem capturadas em sua totalidade – pensamento este que é revisitado e atualizado face ao próprio caráter dialético e à natureza da práxis freireana, construídos sempre na ação e na reflexão permanentes (TOSTA, 1998).

Além do mais, a importância de Freire é notória ao longo da história contemporânea, mais precisamente na segunda metade do século XX, seja pela inovação e criticidade de seu discurso, seja por suas ações que revolucionaram epistemologicamente os campos da Educação e da Política Educacional, não só no Brasil, mas mundialmente. Dialogar com suas idéias exige uma abertura constante para o novo, para o inventivo e para a esperança crítica comprometida com uma educação voltada para o desenvolvimento integral do ser humano.

---

[1] Sobre a recepção da pedagogia Freinet no Brasil, recomendamos a leitura de MENDOZA, 2001.

A Pedagogia proposta por Freire tem sua origem associada ao método de alfabetização de adultos formulado nos seus primeiros escritos sobre Educação. Textos que remontam às décadas de 1950 e 1960 e que reiteravam a condição ontológica do homem, como sujeito e não objeto da história. No caso do brasileiro, como de resto na América Latina, essa vocação não se colocava, segundo Freire, porque o povo se tornou vítima do autoritarismo e do paternalismo de uma sociedade herdeira da tradição colonial e escravocrata.

Cabe, portanto, à Pedagogia, forjar uma nova mentalidade, para libertar o "homem do povo" de seu tradicional mutismo, trabalhando a conscientização do sujeito frente aos problemas nacionais e engajá-lo na luta política. Na visão da Pedagogia Libertadora, a educação e a escola colaboravam com a situação de mutismo do povo, e a escola oficial, além de autoritária, estaria a serviço de uma estrutura burocratizada e anacrônica incapaz de colocar-se ao lado dos "oprimidos".

Sintetizando este capítulo sobre as mudanças de referencial teórico que começam na Pedagogia Nova até desaguar nas idéias de Freire, é oportuno reproduzir o quadro comparativo apresentado por Ghiraldelli Jr (2000, p. 124).

Pedagogia tradicional (Herbart)	Pedagogia nova (Dewey)	Pedagogia libertadora (Freire)
Preparação	Atividade	Pesquisa
Apresentação	Problema	Temas geradores
Associação	Dados do problema	Problematização (diálogo)
Generalização	Hipótese	Conscientização
Aplicação	Experimentação	Ação social

O papel social da escola

Ao longo da história, inúmeros pesquisadores têm se empenhado em compreender qual é o papel social da instituição *escola*. A partir desses estudos, a escola desempenha basicamente três papéis distintos:

1) Redentora da sociedade: lugar onde a criança aprenderia o sentido da coletividade, formaria a vontade e estaria integrada à sociedade, resguardando-se, assim, a moral desta (Durkheim);

2) Reprodutora das desigualdades sociais: a serviço das classes dominantes, seja por meio de reprodução de seus valores ou da violência simbólica, a escola seria um dos *loci* de inculcação de valores e criação de hábitos permanentes de pensamento e conduta interessados à manutenção do *status quo*. São as chamadas teorias da reprodução, em cujas perspectivas há distinções de várias ordens, sobretudo entre as matrizes representadas pela obra de Pierre Bordieu (1964) e Passeron (1970) e de seus seguidores. Em geral, essas teorias conferem à escola, em seu funcionamento reprodutor, uma certa margem de independência em relação à esfera da vida material. Já as teorias da reprodução de filiação marxista (ATHUSSER, 1970; BAUDELOT; ESTABLET, 1971; BOWLES; GINTIS, 1976) enfatizam a participação do aparelho escolar na reprodução das relações sociais de produção;

3) Transformadora da sociedade: não necessariamente com o papel de redentora, a escola, neste caso, é entendida como um mecanismo social que, ao lado de outros, poderia possibilitar o processo de mudança (SAVIANI, 1983; FREIRE, 1970). Este último autor é reconhecido internacionalmente, como destacamos antes, por instaurar no campo do pensamento e das práticas educacionais contemporâneas a chamada "Pedagogia Libertadora".

O fato é que definir o papel da escola na sociedade contemporânea tornou-se uma tarefa cada vez mais complexa. Primeiramente, porque é imprescindível definir de qual escola estamos falando. É do sistema escolar como um todo? É da escola pública ou da escola particular? É da escola rural ou da urbana? É da escola não-formal? Nesse debate, as pesquisadoras mexicanas Justa Ezpeleta e Elsie Rockwell

(1989), ao falarem da prática docente e da formação de professores, assinalam que cada escola tem a sua particularidade e que, seguramente, ela não é a mesma em todo o mundo, sequer nos países da América Latina. Mesmo que se possa extrair leis e estruturas gerais da ordem capitalista, a escola se realiza num mundo profundamente diverso. Por isso, "tratar de mostrar e de mudar sua realidade multiforme exige que se abandone qualquer pretensão de unificá-la de maneira abstrata e formal" (ARICÓ, 1982, p. 241. In: ROCKWELL; EZPELETA, 1989, p. 11).

O que podemos deduzir de tudo isso é que a escola é um fato da cultura e, como tal, abriga significados e ações distintas. E falar dela e dos sujeitos que a realizam, de suas dinâmicas internas e externas, de seu lugar na sociedade, de cumprimentos de papéis, requer, sem dúvida, que seja situada sempre em seu contexto histórico. Descolada deste, fica difícil compreendê-la como uma totalidade complexa em que objetividades e subjetividades se entrelaçam. Como bem assinalam Ezpeleta e Rockwell (1989), pensar a construção social da escola, mesmo imersa em um movimento histórico e de amplo alcance, é sempre pensar uma versão local e particular.

De todo modo, e considerando todas as idiossincrasias possíveis, adotamos neste livro uma definição mais geral sobre escola, encontrada em Cipriano Luckesi. Para esse autor, a escola é

> a institucionalização da educação formal em uma determinada sociedade, que tem por função possibilitar a apropriação e a assimilação de conhecimentos e habilidades úteis e ou necessárias à vida do indivíduo dentro da vida social. (1986, p. 37)

Conscientes de que não somente a escola é, no mundo atual, um lugar de aquisição de preceitos e habilidades para se viver em sociedade, não temos dúvida que essa instituição ainda representa a institucionalização da educação formal. Tal papel lhe é atribuído mesmo enfrentando todos os desafios, seja por parte do Estado – ao tentar minimizar essa função com políticas que estimulam a privatização da educação sob pena de reduzi-la a mais um negócio rentável e de qualidade duvidosa –, seja por parte da família, que parece delegar cada vez mais à escola a função de educar e de disciplinar sua prole; ou seja por parte da mídia, que concorre para o cumprimento dessa função com a produção e disseminação de produtos e conteúdos educativos.

Já sabemos que uma das características da sociedade contemporânea é a (re)significação constante de suas instituições, o que implica novos modos de ver, entender e atribuir valores à escola. É um processo dinâmico que, sem dúvida, resulta das várias mudanças por que a sociedade vem passando, sobretudo a revolução tecnológica e a sociedade mediatizada que dela se conforma.

Nesse cenário, portanto, a escola, enquanto instituição formadora, e os professores, enquanto agentes desta formação, juntos, têm um grande desafio em relação à mídia na escola e para a escola. Exemplo disso são algumas iniciativas surgidas entre os anos de 1970 e 1990, que buscavam compreender os processos de recepção das mensagens da mídia para desenvolver intervenções no sentido da leitura crítica e educativa. Podemos assinalar alguns desses projetos: *Recepção crítica, Leitura crítica dos meios, Recepção ativa, Educação para a comunicação*, entre outros.

Mas essa não é uma preocupação do passado. Além das constantes e vigilantes pesquisas no nível mundial patrocinadas pela UNESCO sobre as relações TV/criança/violência e TV/escola, é crescente o número de organizações, principalmente as chamadas Organizações Não-Governamentais (ONGs), que têm se preocupado em entender a relação escola e mídia e têm buscado construir diversos projetos de atuação nesses campos.[2] Um aspecto comum entre eles é a constatação de que os professores devem desempenhar um papel importante na recepção que os estudantes fazem

---

[2] No capítulo do livro Fontes multimídia, são indicadas algumas dessas ONGs e suas áreas de atuação.

dos diversos produtos gerados pela mídia e por eles levados para a escola, por meio da linguagem, dos vários estilos culturais, da adoção de modelos comportamentais e de sociabilidade e da apropriação e uso de tecnologias.

Exemplo disso são os professores que, no lugar de adotarem uma postura de simples negação da mídia ou de crítica ingênua (aquela que atribui aos meios de comunicação todas as mazelas da sociedade e toma a mídia como um "demônio"), procuram estudar o fenômeno midiático e integram em seu currículo, formal ou informalmente, o debate que está posto. Seja porque os alunos estão expostos à mídia permanentemente e trazem marcas de sua influência no cotidiano escolar, seja porque o professor, não desconhecendo essa realidade, incorpora em sua prática docente o que a mídia oferece como conteúdo a ser discutido em sala. Assim, ele deve exercer seu papel de mediador na elaboração crítica e criativa de critérios de leitura das formas simbólicas ofertadas pelos meios de comunicação e tecnologias digitais.

Dessa maneira, reafirmamos que o professor, desde a sua formação inicial e continuada, deve se preparar para desenvolver com seus alunos processos de mediação. Se a mídia é, em larga medida, o grande aparato de mediação social hoje, a escola, bem como outras instituições de socialização, não pode abrir mão desse papel que é também seu.

Mídia e escola: espaços de socialização

Antes de entrar no significado conceitual e operativo do termo *mediação*, é importante lembrar que falamos da apropriação e uso dos produtos da mídia como processos integrados à vida social e mediados pela vida cotidiana. Com o desenvolvimento das sociedades contemporâneas, as aprendizagens, as conformações identitárias, enfim, a formação do sujeito, tornam-se cada vez mais abertos e reflexivos. Isto é, os indivíduos, como explica Thompson (1998), dependem cada vez mais de recursos próprios para construir uma identidade que lhe satisfaçam, e essa construção é alimentada constantemente pelos materiais simbólicos que se expandem cada vez mais entre o local e o global. Os sujeitos cada vez mais podem ter acesso aos dados e conhecimentos não locais, o que pode nos fazer pensar, à primeira vista, que culturas tradicionais, enraizadas em seu próprio espaço, podem ser enfraquecidas ou destruídas.

Mas, como bem argumenta Thompson (1988), a formação do indivíduo não o descola do local, uma vez que o conhecimento global

> é sempre apropriado por indivíduos em locais específicos e a importância prática desse conhecimento – o que ele significa para os indivíduos e como ele é usado por eles – é sempre dependente dos interesses dos receptores e dos recursos que lhe são disponíveis no processo de apropriação. (p. 181)

Em outros termos, considerando a apropriação e uso da mídia como uma que é propriamente mediada, temos de nos perguntar: se o consumo da mídia ocorre em contextos culturalmente particulares, então pode ser "filtrada" a partir do conjunto de traços desses contextos? A escola, a educação em geral, como fato social desse contexto, é dos elementos pelos quais a recepção se dá. E de maneira mais forte, diríamos, que educação e escola são social e formalmente responsáveis pela aprendizagem.

Na perspectiva de que escola e professor são responsáveis pelos processos de aprendizagem e socialização, e considerando que esses processos são atravessados pela mídia, em que termos podem exercer a necessária mediação no entendimento da própria mídia e de sua produção a partir da sala de aula ou da interação face-a-face com os alunos? Conscientes de que eles, como nós, estamos imersos nessa sociedade global, cuja cultura mundializada[3] só é possível por conta das tecnologias de massa e digitais.

---

[3] Mundializada no sentido de sua disponibilização, não como tradução de culturas unificadas e igualmente consumidas. Mundialização da cultura sugere uma questão muito mais complexa e tensionada para ser reduzida a uma suposta cultura-mundo, como a economia-mundo.

Frente a esta realidade, o que vem a significar o termo "mediação", usado com tanta naturalidade e de modo tão recorrente e polissêmico, que já entrou no senso comum. De acordo com Silverstone (2000), tomando a mídia como mediadora, como o faz Thompson (1988),

> a mediação implica o movimento de significado de um texto para outro, de um discurso para outro, de um evento para outro. Implica a constante transformação de significados, em grande e pequena escala, importante e desimportante, à medida que textos da mídia e textos sobre a mídia circulam em forma escrita, oral e audiovisual, e à medida que nós, individual e coletivamente, direta e indiretamente, colaboramos para sua produção. (p. 33)

Em outros termos, o referido autor está defendendo que a ação da mídia não está isolada de nós; é uma ação *inclusiva*, conta com nossa participação forçada ou não, é parte de nossas diversas e múltiplas experiências. Assim, não é tarefa nada simples desempenhar o papel de mediação dos processos midiáticos.

Como manter práticas pedagógicas atualizadas e sintonizadas com essa realidade social, com esses novos processos de elaboração e troca de informação e conhecimentos? Não é o caso de fazer uso da mídia a qualquer custo, mas é necessário à escola, de acordo com Pierre Lèvy (1999),

> acompanhar consciente e deliberadamente uma mudança de civilização que questiona profundamente as formas institucionais, as mentalidades e a cultura dos sistemas educacionais tradicionais e, sobretudo, os papéis de professor e de aluno. (p. 172)

Neste cenário social nada simplista, a questão que nos parece de fundamental importância é a seguinte: a mídia exerce um papel de mediação na e com a sociedade e suas instituições, entre elas a escola.

Mas comporta alguns desdobramentos:

Qual o lugar do professor, e que tipo de mediação deverá ele exercer como educador, não somente na escola, como também em outros espaços?

De que mediação podemos falar, se uma das características da mídia é exatamente exercê-la? Uma perspectiva é pensar o espaço escolar em sua dimensão material e cultural como um território a ser construído de modo compartilhado em termos de uma linguagem mais comum entre sujeitos que nela transitam – construção essa que sinalizaria de modo mais seguro o lugar do professor e sua contribuição aos processos de aprendizagem.

Se não há mais como desconsiderar que a mídia é, em larga medida, produtora e conformadora de discursos de todas as ordens (político, educativo, econômico, religioso, ético, moral, dentre outros), à instituição de ensino cabe estar atenta a essa disseminação de idéias que dizem respeito a valores, comportamentos, atitudes, etc. no sentido de problematizá-las nos tempos e espaços escolares, favorecendo as aprendizagens do mundo e sobre o mundo.

Interações educomidiáticas

No período de 1945 a 1964, foram realizadas algumas experiências que envolviam a Comunicação e a Educação, fundamentadas na pedagogia freireana e muito mais articuladas aos movimentos populares do que ao sistema educacional formal. São exemplos os Centros Populares de Cultura (CPCs), os Movimentos de Cultura Popular (MCPs) e o Movimento de Educação de Base (MEB).

Os CPCs estavam engajados na aplicação do método Paulo Freire para educação de adultos. O MEB, sob os auspícios do setor progressista da igreja católica, desenvolveu uma experiência de escolas radiofônicas para o homem do campo. O MCP, sob a influência da corrente francesa liderada por Dumazedier, promoveu experiências simultâneas por meio da "alfabetização cidadã" (aulas transmitidas pelo rádio, monitoradas por educadores populares, com o suporte de uma cartilha cujo universo vocabular refletia a linguagem das periferias urbanas) e das "praças de cultura" (espaços educativos instalados em praças públicas, onde monitores treinados encetavam a leitura crítica da televisão).

A proposta era problematizar, entre outros, a presença dos meios de comunicação na vida diária das comunidades, buscando uma visão crítica e a utilização dos dispositivos comunicacionais como recursos expressivos, dialógicos, de um conhecimento que parte do cotidiano do educando.

Nesse contexto, outro elemento que sinaliza para a discussão sobre os meios de comunicação de massa na educação é o livro *Mutações em Educação segundo McLuhan*, de Lauro de Oliveira Lima, que, entre 1971 e 1976, alcançou nove edições com cerca de 100 mil exemplares vendidos, configurando um fenômeno editorial à época. Nesse texto, o piagetianismo de Lauro de Oliveira Lima foi integrado à moderna teoria de comunicação de massas e aos projetos futuristas imaginados a partir das potencialidades educativas anunciadas pelo tecnicismo pedagógico (GHIRARDELLI, 2000).

Lima defende que o autor canadense, mesmo não sendo um especialista em sistema escolar, foi capaz de prenunciar o que nem os educadores mais ousados o fizeram sobre o futuro da instituição escolar em uma sociedade de meios de comunicação de massa.

Ele dizia ainda que a palavra do professor e o livro didático "são processos paleontológicos" (1973, p. 10) diante da explosão da informação nos meios de comunicação de massa, já que "o professor atual não é mais um informador" e as informações vêm através do rádio, da TV, do cinema, das revistas, de todos os ambientes por onde o homem transita. O autor conclui seu entusiasmado raciocínio dizendo que a "satelização" seria a melhor solução para os países subdesenvolvidos, por mais que os investimentos na área fossem altos e causassem temor naquela época.

Desse modo, investindo em tecnologia e nos sistemas de transmissão de informação através dos MCM, muitos problemas na educação estariam próximos de ser resolvidos, ou pelo menos, amenizados (SÁ, 2004, p. 78). Isso na verdade é evidenciado hoje, com os largos estímulos legais e financeiros aos projetos de Educação à Distância (EaD) no Brasil, em várias modalidades de ensino, especialmente nos cursos de licenciatura, isto é, na formação de professores.

CAPÍTULO II

MÍDIA E CIDADANIA

Comunicação midiática

Vivemos numa sociedade onde a comunicação se desenvolve em múltiplas redes, embora a mídia prevaleça como instituição hegemônica. Recebemos mídia por todos os poros. A cada passo que damos, cotidianamente, esbarramos em artefatos midiáticos: livros, jornais, rádios, televisores, anúncios, panfletos, discos, vídeos, celulares. Por isso vale a pena explicar o significado daquilo que se convencionou rotular como "idade mídia".

No caso brasileiro, esse fenômeno adquiriu intensidade na segunda metade do século XX. Em 1950, ingressávamos definitivamente na fase do audiovisual, com o nascimento da televisão. Acentuava-se o declínio da imprensa, cujas tiragens diminuíram sob o impacto da censura instituída pelo Regime Militar pós-64. Amparada em certo sentido pela expansão da classe média (decorrência do "milagre econômico") e também beneficiada pelo desenvolvimento da rede nacional de telecomunicações, a TV ampliava sua audiência.

Passado meio século, o panorama modificou-se radicalmente. A indústria midiática assumiu proporções imensas, não apenas no território brasileiro, mas também na geografia mundial. O reflexo natural dessa transformação foi o dinamismo da sociedade, cujo referencial informativo ancora-se hoje em suportes digitais. Por isso mesmo, as instituições midiáticas estão desafiadas a assimilar completamente o novo "espírito do tempo", qual seja a transnacionalização cultural. Trata-se de uma revolução contra-cultural perfilada no Brasil e em outros países periféricos. Exportando produtos simbólicos adaptados para o consumo internacional, as indústrias midiáticas podem embutir neles valores intelectuais que aspiram traduzir a nossa identidade como potência emergente.

O que é mídia?

Do ponto de vista etimológico, trata-se de uma expressão latina. *Media* é o plural de *medium*. No singular, significa "meio", "veículo", "canal". O vocábulo foi incluído na Língua Portuguesa por intermédio do Tio Sam, importado diretamente dos Estados Unidos. Chegando ao Brasil, fizemos seu imediato "aportuguesamento". Na verdade, nós o abrasileiramos. Os norte-americanos escrevem a palavra tal qual foi assimilada do latim – *media* – mas alteram a pronúncia – "mídia" (o "e" tem o som de "i"). Aqui, nós efetivamente a nacionalizamos, substituindo o "e" por "i", tanto ao falar quanto ao escrever.[1] A palavra mídia é hoje popularíssima, com direito a verbete nos dicionários. Se consultarmos o *Aurélio* ou qualquer outro glossário contemporâneo, vamos constatar a sua inclusão.

Mais do que dicionarizar, os brasileiros estabelecem com a mídia uma relação "macunaímica". Qualquer pessoa do povo se refere a esse tipo de fenômeno com bastante familiaridade, cordialidade, intimidade.

Sistema

A mídia tem a ver com a indústria dos bens simbólicos. Corresponde a um sistema complexo de produção, circulação e consumo de bens culturais. Seu foco está orientado a fabricar artefatos que se materializam em palavras, sons, imagens, seja no plano real, seja no plano imaginário.

---

[1] Os lusitanos não foram tão ousados. Em Portugal, a expressão foi dicionarizada respeitando sua grafia latina.

Tal sistema é acionado por redes tecnológicas – as rotativas do tempo da imprensa, os transmissores da idade do rádio, os satélites da era televisiva, os computadores do planeta digital. Toda uma parafernália tecnológica movimenta essa indústria cultural, mas ela pertence à esfera pública. Trata-se de um direito de todos, configurando aquilo que rotulamos como "oxigênio democrático". No entanto, a mídia funciona sob gestão privada. Quer dizer, está na esfera pública, mas é gerida segundo a rotina das empresas privadas. Tem o suporte da engrenagem comercial, industrial, que na verdade é o sustentáculo da sua independência editorial. Em que sentido? Como a mídia se financia com anúncios classificados, de cidadãos ou de empresas privadas, ela não precisa ficar subordinada ao poder público.

Poder

Não esqueçamos que a mídia é uma fonte de poder. Nesse caso, poder pode ser contemplado de duas maneiras. Primeiro, como poder que aciona a indústria, que a mantém. Segundo, como poder que nutre suas próprias entranhas, influindo sobre a opinião pública.

A dependência do poder público pode ser neutralizada na medida em que a mídia equilibra o subsídio público com o financiamento privado. Ela veicula tanto os editais do governo quanto os anúncios das empresas, além dos avisos da sociedade civil. Dessa maneira, tem possibilidade de barganhar a sua independência editorial.

Por outro lado, a sua força enquanto poder político que afeta a cena coletiva geralmente costuma ser anulada pelo equilíbrio das forças sociais que afetam sua vida cotidiana. Aí também se inclui o poder dissimulado dos produtores de conteúdo que povoam seu interior, agindo com força maior ou menor na medida em que atuam corporativamente.

História

Vamos dar agora um passeio no tempo, fazer uma retrospectiva histórica.

A mídia surgiu no mundo ocidental durante o século XV, com Gutenberg. A imprensa se espalhou pelo continente europeu durante um século. É a invenção que mais rapidamente foi disseminada naquele espaço geopolítico. No entanto, só chegou ao Brasil com muito atraso, três séculos mais tarde.

A primeira tipografia a funcionar regularmente no Brasil data de 1808, quando Dom João VI chegou à frente da corte portuguesa, fugindo das tropas de Napoleão. No Rio de Janeiro, em 13 de maio daquele ano, foi criada a Imprensa Régia, e em 10 de setembro circulou a *Gazeta do Rio de Janeiro*, primeiro jornal aqui publicado.

Vale a pena fazer a pergunta: por que a imprensa chegou tardiamente ao território brasileiro? Quais os fatores que determinaram esse retardamento do nosso sistema midiático?

A literatura convencional e a exegese oficialista cultivaram a tese de que a imprensa não prosperou no Brasil porque os portugueses agiram como os "vilões" da história, impedindo o seu funcionamento. Poderíamos dizer que isso é verdade, mas só em parte.

Havia uma legislação restritiva, proibindo o funcionamento da imprensa nos territórios coloniais. Contudo, há uma série de fatores sócio-culturais que explicam o retardamento. Para mais detalhes, pode-se consultar obras de referência como Sodré (1977), Melo (2003), dentre outras.

Imprensa

A história da mídia no Brasil começa efetivamente em 1808, quando foi implantada a imprensa. Esse início se dá por meio de dois marcos:

1) No dia 10 de setembro, circula a *Gazeta do Rio de Janeiro*, o primeiro jornal editado em terras brasileiras. Esse jornal, pioneiro na impressão em Língua Portuguesa na América, nasce sob o signo da censura. É um jornal produzido pela corte de Dom João VI, naturalmente controlado pelos censores reais.

2) Ao mesmo tempo, circula no país um outro veículo, chamado *Correio Braziliense*, que aqui entra clandestinamente. Assim sendo, a história da mídia no Brasil está co-relacionada com a história do contrabando. São exemplares pirateados. Esse jornal (na verdade, mais uma revista que um jornal), era produzido em Londres por Hipólito José da Costa. Trata-se de um brasileiro que estava refugiado na Europa, contando com o beneplácito da maçonaria inglesa. Seu jornal é exportado para o Brasil e aqui circula na penumbra. Ou melhor, era tolerado, constituindo preciosa fonte de informação para os membros da corte sobre o que acontecia no território europeu.

Nesses primeiros tempos, a mídia tem um desenvolvimento raquítico. Muitos daqueles fatores socioculturais referidos anteriormente persistiam como obstáculos poderosos dentro do território nacional.

Cinema e rádio

Um novo meio de comunicação no Brasil só vai existir quase no final do século XIX. É um salto de quase 90 anos, de 1808 para 1896, época em que aparece o cinema, invento que já existia na Europa. Os primeiros filmes foram exibidos no Rio de Janeiro. Dois anos depois, já se começava a produzi-los no País. As pessoas bem aquinhoadas da época compravam suas maquininhas de filmar e experimentavam na realização dos primeiros filmes produzidos em território nacional. No século XX, o desenvolvimento da mídia já se tornava mais acelerado. De 1919 a 1922 tivemos a introdução do rádio. Alguns eventos são marcas dessa história.

A primeira emissora de rádio a funcionar no Brasil foi a Rádio Clube de Pernambuco, em 1919, ainda num sistema bastante rudimentar. Só em 1922 é que o País teve a primeira rádio com tecnologia moderna, no Rio de Janeiro. A RCA Victor, no primeiro centenário da Independência do Brasil, fez transmissões experimentais do morro do Corcovado para o local onde hoje funciona o Jockey Clube do Rio de Janeiro.

Em 1923, foi fundada a primeira emissora a funcionar regularmente no Brasil. Tratava-se da Rádio Sociedade do Rio de Janeiro, criada por Roquette-Pinto, que pretendia fazer uma rádio cultural e educativa. Mas, num País com poucas pessoas letradas e com altos índices de analfabetismo, é difícil manter uma rádio educativa para um público muito grande.

Tanto assim que, poucos anos depois, seu criador terminou pedindo que a rádio fosse encampada pelo Ministério da Educação. A Rádio MEC foi caudatária, então, dessa experiência de Roquette-Pinto nos anos de 1920.

Aldeia global

Trinta anos depois, ocorre a fase revolucionária da mídia, com a chegada da televisão. Ela começa em São Paulo, por iniciativa de Assis Chateaubriand.

Os Estados Unidos já haviam implantado, pouco tempo antes, sua primeira estação de televisão. O Brasil foi o terceiro país do mundo a ter sua emissora, graças ao empreendedorismo do timoneiro da cadeia Associada. Chateaubriand quis marcar a sua biografia como introdutor da televisão na América Latina.

Nos anos de 1950, funciona a TV Tupi, inicialmente em São Paulo e depois no Rio de Janeiro. Trata-se de uma televisão improvisada, que importa equipamentos e treina seus técnicos nos Estados Unidos. Chateaubriand também compra televisores e os coloca estrategicamente nas residências de alguns dos seus amigos. Então, a burguesia paulista é beneficiária dessas primeiras emissões televisivas. Ainda hoje, encontramos no vídeo, atuando profissionalmente, figuras como Hebe Camargo e Lolita Rodrigues, que protagonizaram os primeiros programas de TV transmitidos ao vivo.

Em 1965, registramos a entrada do Brasil na aldeia global. Com a modernização das telecomunicações, em pleno regime militar, cria-se a Embratel, viabilizando a integração do País ao sistema mundial de satélites, por meio do Intelsat.

Dilemas

Finalmente, em 1985, o Brasil ingressa na era da ciber-comunicação, com o Brasilsat 1, alcançando a era dos computadores.

Dilemas

Quando consideramos a mídia do século XXI, devemos esboçar algumas questões para reflexão. Em primeiro lugar, estamos diante de um dilema histórico. Esse dilema ancora-se na hipótese de que a mídia funciona como um quarto Poder, além do Legislativo, do Executivo e do Judiciário.

A mídia, em verdade, não chega a ser o quarto poder para constituir-se num tipo de Supra-poder, assumindo o papel de instância que influencia a população, passando por cima do Legislativo, do Executivo e do Judiciário. Por isso mesmo, reivindica-se que ela seja monitorada pelos Poderes constituídos, na tentativa de evitar que se converta num Poder paralelo.

É importante entrar nessa discussão, porque a Carta Constitucional Brasileira, a Constituição Cidadã de 1988, veda a censura à mídia. Paralelamente, em legislação complementar, regulamenta a criação, a concessão e a renovação de funcionamento de emissoras de rádio e TV.

O órgão responsável pela tarefa é formado por 13 membros titulares e 13 suplentes, que representam empresas de rádio, televisão e imprensa escrita, além das categorias profissionais dos jornalistas, radialistas, artistas, profissionais de cinema e vídeo. Conta, ainda, com representantes da sociedade civil organizada, como a Ordem dos Advogados do Brasil (OAB), a Associação Brasileira de Imprensa (ABI), entre outros. Cabe ao Conselho de Comunicação Social assessorar o Congresso na análise de projetos relacionados à liberdade da manifestação do pensamento, da criação, da expressão e da informação, aos princípios que devem nortear a programação das emissoras de rádio e TV, à propriedade de empresa de mídia e outorga e renovação de concessão, permissão e autorização para a exploração dos serviços de radiodifusão sonora e de sons e imagens e TV digital.

Em tese, a criação do Conselho é um avanço no sentido de procurar assegurar a democratização da comunicação no País (JBBC, janeiro de 2005). Instalado em 2002, o Conselho vem assessorando o Poder Legislativo e eventualmente funciona como câmara de eco das demandas oriundas da sociedade civil.

Cenários

Vamos considerar alguns cenários para o desenvolvimento da mídia no século XXI. O mais interessante é aquele que denominamos "hibridismo estrutural". Trata-se de uma indústria marcada por um sistema complexo de natureza empresarial, dependendo de financiamento. Mas, ao mesmo tempo, é um artesanato, fazendo improvisações.

Tendo uma estrutura simultaneamente padronizada e segmentada, o hibridismo estrutural rege-se pelos princípios da produção em série. Por outro lado, abriga espaços que pressupõem uma intervenção artística, estética, não comportando regras de produção muito rígidas. A dimensão artística faz com que esse artesanato, presente o tempo todo, seja difícil de controlar. Talvez seja muito mais fácil produzir um programa pré-gravado do que conduzir um programa ao vivo, que não pode ser totalmente monitorado. No programa ao vivo cabem improvisações que muitas vezes escapam ao controle dos produtores.

Ao mesmo tempo, a mídia é um sistema de elite, no sentido de ser controlada pelas forças do poder econômico, pelo governo ou por uma auditoria cívica – embora ela se destine à massa. A grande quantidade de pessoas que escuta rádio ou liga a televisão, assiste a filmes ou lê revistas, constitui uma massa. Portanto, a mídia tem duas caras: um meio da elite dirigido às massas.

Esse sistema situa-se no âmbito da modernidade. Trabalha com tecnologia sofisticada, assimilando as tendências internacionais da área. Contudo, não pode perder de perspectiva as tradições nacionais. Esse conflito entre tradição e modernidade está presente o tempo todo na sua fisionomia.

Do ponto de vista geográfico, é uma mídia que tem hoje expressão global, por meio dos satélites, das redes de computadores, das agências de notícias, das agências de propaganda. São padrões midiáticos internacionais, globais, mundiais, mas, ao mesmo tempo, o consumo de tudo isso é feito na cidade, no bairro, nas localidades, nos subúrbios, nos prédios em que as pessoas vivem. Em suma, a mídia apresenta as perspectivas do local e do global, do mundo e da comunidade, do planeta e da aldeia. E, finalmente, a outra interface que tem é a da mídia nacional e da mídia regional. É nacional porque usa a língua corrente em todo o País, sendo regulamentada pelas leis nacionais. Mas ela tem também um sistema de organização que corresponde à natureza regional da ecologia, não só do ponto de vista dos bens materiais, mas também dos bens simbólicos.

Já dizia Manuel Diegues Júnior, um dos maiores sociólogos brasileiros, que o Brasil é um arquipélago cultural, e continua sendo. Culturalmente, nós vivemos em regiões: região dos nordestinos, região dos mineiros, dos gaúchos, dos nortistas. Tudo isso marca a dimensão da mídia. Perfila-se aí indiscutivelmente o seu hibridismo cultural. A mídia tem a fisionomia de um sistema complexo e contraditório.

Contradições

A mídia possui uma vocação socializadora. Ela tem o poder de disseminar bens culturais, símbolos, imagens e sons, tornando-os comuns a toda a população. Mas nada disso poderia ser feito se ela claudicasse em sua função econômica, ou seja, na medida em que não estivesse atenta aos mecanismos de financiamento da produção. Não se faz socialização cultural sem ter por trás quem pague a conta.

Em muitos países, a mídia é financiada pelo governo. No nosso caso, corresponde a um sistema financiado de modo duplo, principalmente pela iniciativa privada. No Brasil, sem dúvida nenhuma, ela reflete um pouco aquilo que chamamos de "distorção oligárquica". Quer dizer, a nossa mídia é mais ou menos constituída à imagem e semelhança das capitanias hereditárias. Quem possui um jornal, emissora de rádio ou televisão, produtora de cinema ou vídeo, está lastreado pelo capital.

E, de um modo geral, a distribuição desses veículos foi feita historicamente segundo as oligarquias que predominam no Brasil. Quando se faz uma análise da televisão ou dos grandes jornais, vê-se que esses pertencem a grupos oligárquicos que exercem um poder muito grande sobre o seu conteúdo. Em outros casos, seus proprietários fazem também da mídia um trampolim para o exercício da função política. Hoje, deputado federal é quase um sinônimo de dono de mídia. No Congresso Nacional, fazendo-se uma análise exaustiva, verifica-se que, dentre os deputados ou senadores, vários deles são donos de mídia – ou então contaram com o apoio da mídia regional para se elegerem.

Também há um outro fator que precisa ser considerado nesse perfil contraditório da mídia. Ela comporta privilégios corporativos. As pessoas que trabalham na mídia se organizam em corporações: jornalistas, publicitários, produtores de conteúdos, artistas, locutores, *cameramen*. São pequenas corporações que defendem seus interesses. Muitas vezes são privilégios que se contrapõem às especificidades da sua função econômica. Privilégios bem negociados pelos proprietários, justamente para não ocasionar curto-circuito nas relações da empresa com o seu público. Não é incomum observar que o poder midiático se distribui conjunturalmente entre o poder conotativo dos proprietários e o poder denotativo dos seus profissionais arregimentados em corporações.

Vigilância cidadã

Existe, porém, um outro fator que cada vez mais se agiganta no Brasil. Trata-se da vigilância midiática exercida pela cidadania. Aquela idéia de que "o povo não é bobo"!

Cada dia mais ela se dissemina. O cidadão sabe que tem certo poder. Ele pode, em certas circunstâncias, "calar a boca" da mídia. Quanto mais as pessoas são informadas e educadas para uma leitura da mídia, mais assumem esse comportamento crítico, mais influem no conteúdo da mídia.

Quem lê jornal sabe muito bem do que se trata. Lembremo-nos, por exemplo, do caso da novela *Mulheres Apaixonadas*, difundida pela Rede Globo de Televisão. Quantos episódios foram atravessados pela vigilância de categorias organizadas da nossa sociedade? O rapazinho que era virgem pretendia "transar" com a empregada – o sindicato das domésticas fez campanha para evitar que isso acontecesse. Por outro lado, os moradores do Leblon, no Rio de Janeiro, fizeram pressão junto ao autor da novela para que a garota de programa não fosse assassinada com bala perdida. Percebemos, então, como a vigilância da cidadania é importante. Às vezes ela consegue despertar interesse, às vezes não obtém sucesso. Mas pelo menos levanta o problema.

Com isso, encerramos esse quadro da natureza contraditória da mídia. Ele não é tão preto e branco assim, como parece à primeira vista. Quando a contemplamos detidamente o semblante midiático, ficamos impressionados ao constatar que se trata de um retrato multicolorido, uma espécie de obra aberta, permeável à interferência e ao controle da audiência. Ela começa pelo Ibope, passa pelas pesquisas qualitativas e finalmente se agiganta quando os movimentos sociais exercitam seu poder de barganha, atuando como instâncias críticas da sociedade.

| Capítulo III

Mídia e sociedade

Raízes históricas

Quando, a partir do século XVI, o território brasileiro começou a ser disputado pelos colonizadores europeus (portugueses, franceses e holandeses), o instrumento de comunicação vigente em todo o litoral era o tupi-guarani. Essa "língua franca" predominou até o século XVIII, tendo sido codificada, para fins pedagógicos, pelos missionários jesuítas.

Durante o ciclo do ouro, os governantes portugueses interiorizam o povoamento, intensificando o fluxo populacional com a importação de mão-de-obra. Colonos brancos procedentes da Península Ibérica ou recrutados nas colônias asiáticas, bem como escravos negros oriundos da África, se misturam com os mestiços resultantes do caldeamento entre lusos e nativos.

Para neutralizar os ruídos causados pelo confronto lingüístico entre os nativos aculturados e os novos adventícios, os colonizadores lusitanos determinam tardiamente a obrigatoriedade da língua portuguesa nas relações sociais.

Esse processo desencadeia tensões, acarretando a transformação do idioma do império, que incorpora palavras ou expressões dos dialetos africanos e das línguas americanas. O resultado é a constituição de um código de comunicação oral, empregado pelos contingentes subalternos, que se distancia do código escrito, preservado pelas elites.

O processo de comunicação das classes trabalhadoras preservou laços estreitos com a oralidade, cultivada no interior da Colônia, enquanto as classes ociosas permaneceram sintonizadas com o beletrismo típico da corte imperial.

Encontra-se nessa dissonância retórica a raiz da bipolarização dos fluxos comunicacionais, configurando o sistema midiático vigente no Brasil contemporâneo.

Arquipélago cultural

O diagnóstico exibe maior complexidade quando constatamos que o espaço geográfico brasileiro, por sua natureza continental e geografia descontínua e acidentada, inibiu durante vários séculos a interiorização dos fluxos comunicacionais. Estes privilegiavam a via marítima, principalmente em direção à corte portuguesa, mantendo incomunicadas as comunidades nacionais.

Foi inevitável a germinação de padrões culturais variados, de região para região, amalgamados tão-somente pelo código lingüístico imposto pelo colonizador, mas diferenciados pelos usos e costumes locais.

Esse "arquipélago cultural" permaneceu praticamente imutável até o século XX, quando as comunicações por via fluvial foram otimizadas, construídas as rodovias e as ferrovias, desenvolvidas as aerovias, removendo as barreiras que obstaculizavam a circulação de mercadorias ou de bens simbólicos.

Por outro lado, é indispensável mencionar o obscurantismo cultural praticado pela coroa portuguesa durante todo o período colonial. A ausência de escola, universidade, imprensa, biblioteca, correio e a falta de outros aparatos culturais persistiram até as vésperas da independência nacional, no início do século XIX.

Polarização

A natureza continental e a topografia acidentada do espaço brasileiro inibiram durante vários séculos a interiorização dos fluxos comunicacionais. Foi inevitável a constituição de culturas regionais, unificadas pelo mesmo código lingüístico, mas diferenciadas pelos usos e costumes locais.

MÍDIA & EDUCAÇÃO

O maior contingente da nossa sociedade era constituído por negros, miseráveis e analfabetos. A libertação dos escravos somente ocorreu no final do século XIX. Abandonados à própria sorte, os remanescentes da escravidão agravaram o êxodo rural, engrossando as comunidades marginais que deram origem às favelas hoje espalhadas pelos cinturões metropolitanos.

Nesses guetos, eles se comunicavam de forma rudimentar. Valendo-se de expressões *folkcomunicaconais* enraizadas nas tradições étnicas, foram se adaptando às cidades e defrontaram-se empaticamente com as expressões culturais geradas pelos fluxos massivos (cinema, disco, radio, televisão, dentre outros).

Esses dois "Brasis" confrontam-se e interagem continuamente. As manifestações *folkcomunicacionais* decodificam e reinterpretam as expressões da indústria cultural, e esta procura retroalimentar-se nas fontes inesgotáveis da cultura popular. O fosso entre as duas correntes reduziu-se muito lentamente, durante o século XX, traduzindo a hesitação ou descompromisso das elites no sentido de eliminar as desigualdades sociais. A integração, ou ao menos o diálogo, entre esses dois sistemas constitui o maior desafio das vanguardas nacionais.

Hegemonia televisiva

A televisão abocanha a maior fatia da população (61,9%). Alcançando a totalidade dos 5.564 municípios e atingindo 90,4% dos domicílios, a TV constitui o principal elo de ligação dos cidadãos com o mundo. Seu impacto sobre a sociedade nacional é incomensurável. Dela se apoderam os vendedores de bens e serviços, bem como os mercadores da fé e da política.

Constituído por nove redes nacionais, o sistema de TV aberta inclui 406 emissoras, sendo 386 privadas e 20 estatais, sintonizadas por 48 milhões de domicílios. A Rede Globo catalisa 50% dos telespectadores, figurando como campeã de audiência há vários anos. A outra metade da audiência é disputada por oito redes concorrentes: SBT (19,4%), Bandeirantes (13,1%), Record (9%), Rede TV (2,3%) e outras (4,3%) (GRUPO DE MÍDIA, 2008).

A programação dessas emissoras é majoritariamente nacional, predominando os conteúdos de entretenimento (ficção, esportes e humor), seguidos pela informação (telejornalismo). Se tomarmos como indicador a programação diária da hegemônica Rede Globo, veremos que o bloco principal é ocupado pelas telenovelas (50%), shows musicais e humorísticos (19%), telejornais (17%), esportes (8%) e filmes (6%).

A indústria brasileira de televisão caracterizou-se inicialmente (décadas de 1950-1960) como importadora de programas estrangeiros, sobretudo norte-americanos, mas foi pouco a pouco reduzindo a dependência externa. Nas duas últimas décadas do século XX, passou à condição de exportadora. A Rede Globo, empresa líder do setor, exporta regularmente telenovelas, musicais e programas esportivos para mais de uma centena de países. Recentemente, outras empresas ingressaram no mercado audiovisual, inclusive a Rede Record, cujas telenovelas começam a fazer sucesso nos países latino-americanos vizinhos.

O "patinho feio"

Apesar de atingir 87,8% das residências e de ser a fonte preferencial de diversão, informação e educação das classes trabalhadoras, o rádio capta apenas 5,2% dos investimentos publicitários.

Integrado por 3.668 emissoras comerciais, sendo 1.681 AM e 1.987 FM, o segmento radiofônico cresceu sob o signo da regionalização, mas ultimamente vem sendo nacionalizado por meio de redes conectadas via satélite, cujas emissoras líderes estão localizadas nas metrópoles de São Paulo e Rio de Janeiro.

Em contrapartida, tem crescido vertiginosamente o universo das rádios comunitárias. São emissoras de pequeno alcance, cuja maioria ainda funciona clandestinamente, sob o comando dos movimentos sociais. Não existindo estatísticas confiáveis, calcula-se que correspondam ao triplo das emissoras autorizadas pelo governo. Mais de 10 mil pedidos de legalização tramitam no Ministério das Comunicações. Mesmo assim, a cifra não é suficiente para cobrir as demandas de rádios comunitárias em todos os municípios brasileiros.

A radiodifusão é o setor em que a presença do Estado adquire maior visibilidade. Ou por intermédio da cadeia

MÍDIA & EDUCAÇÃO

Radiobrás, operada diretamente de Brasília, sede do governo federal, ou pelo programa "Voz do Brasil", difundido diariamente em rede nacional, por todas as emissoras AM e FM, durante uma hora, para divulgar ações dos Poderes Executivo, Legislativo e Judiciário. Atualmente está em pauta a discussão de um projeto para implantação de uma emissora de TV do Governo Federal.

Formadores de opinião

Circunscritos aos segmentos privilegiados da sociedade, o jornal e a internet atuam como formadores de opinião pública. Seus usuários fazem parte da elite que participa de núcleos de poder no âmbito do governo, na sociedade civil ou na própria indústria midiática.

O número de jornais totaliza 3.098, sendo diários apenas 535 – mesmo assim, concentrados nas regiões mais desenvolvidas do País. No sudeste e sul, circulam 75,5% dos títulos.

A rigor, o Brasil não possui jornal diário de circulação nacional. Há jornais de prestígio nacional que dão ampla cobertura aos temas de interesse público, porém o maior contingente de leitores localiza-se na região em que o periódico é editado.

Suas tiragens são pequenas, se compararmos aos veículos congêneres em outros países. Estima-se uma tiragem diária de 8 milhões de exemplares englobando todos os jornais do Brasil. Admitindo que cada exemplar é lido, em média, por três pessoas, estimaríamos um público leitor na ordem de 24 milhões de pessoas. Para uma população de 190 milhões de habitantes, constata-se que 2/3 continuam excluídos desse benefício.

Os jornais de maior tiragem são exatamente os que detêm prestígio nacional: Folha de S. Paulo (297 mil), O Globo (258 mil) e O Estado de S. Paulo (218 mil).

Mas a liderança desses jornais começa a ser ameaçada pelos jornais populares. Por isso, as grandes empresas estão lançando novos títulos, com o propósito de corresponder às demandas dos trabalhadores urbanos. É o caso do *Extra* que já vende 250 mil exemplares a cada dia na cidade do Rio de Janeiro, recorrendo ao estilo coloquial e pautando temas do cotidiano periférico. Na capital mineira, são editados atualmente dois jornais populares: o *Aqui*, do *Estado de Minas* e o *Super*, ligado ao *O Tempo*, ambos vendidos por R$ 0,25.

Internet

Ascensão vertiginosa experimenta a internet. Em 10 anos de difusão regular, essa nova mídia vem conquistando maior audiência. Estimada em 26 milhões de usuários, corresponde sintomaticamente ao patamar alcançado pelo jornal diário. Como dispõe de um conteúdo abrangente e variado, é possível que esse contingente se amplie nos próximos anos.

Os usuários atuais pertencem aos extratos superiores da nossa pirâmide social, compreendendo 57% na classe abastada e 31% na classe média. Quase metade inclui-se no segmento jovem, oscilando entre 10 e 24 anos.

O que buscam os internautas brasileiros? A grande maioria acessa a internet para fins utilitários, embora seja expressivo o universo dos que diz buscar entretenimento.

O portal de maior abrangência no espaço lusófono – o Universo On Line (UOL) – conta hoje com audiência superior a 1,5 milhão de assinantes, provendo acesso em mais de 3.000 localidades brasileiras e oferecendo também locais de conexão em mais de 14 mil cidades no exterior.

O portal reúne o mais extenso conteúdo midiático do mundo em língua portuguesa, está organizado em 42 estações temáticas, com mais de mil diferentes canais de notícias, informação, entretenimento e serviços, somando mais de 7 milhões de páginas. Possui uma média de 8.894 milhões de visitantes mensais, o que representa mais de 65% de alcance no mercado, e tem média mensal de 1,329 bilhão de páginas vistas em domicílios. O tempo médio de navegação por pessoa foi de 1 hora e 16 minutos (IBOPE NETRATINGS, 2006).

Mídia cidadã

Distantes da imprensa e da internet, as comunidades empobrecidas que habitam as periferias urbanas se valem de meios rudimentares de expressão, seja para reinterpretar as mensagens recebidas diretamente da mídia massiva, seja para disseminar alternativamente suas informações, opiniões ou atitudes.

Desprovidas de suportes midiáticos e destituídas de referentes simbólicos que as habilitassem ao ingresso na Galáxia de Gutenberg, as classes subalternas foram criando sua própria mídia (artesanal, ardilosa, criativa). Trata-se do embrião da "mídia cidadã" (MARQUES DE MELO; GOBBI; SATHLER, 2006), que ganharia densidade, mas não necessariamente legitimidade, na fase posterior à independência nacional. Conformando o sistema de *folkcomunicação* (BELTRÃO, 2004), essas manifestações populares permanecem vivas até os dias atuais, coexistindo dialeticamente com a mídia massiva.

Na verdade, o sistema *folk* mantém autonomia em relação ao sistema massivo, com ele se articulando de modo pendular. Ora exercita uma espécie de mediação simbólica, filtrando significados e atuando como correia de transmissão, ora funciona como agente retro-alimentador, preenchendo brechas ao incluir suas próprias demandas na agenda das emissões massivas.

Identificando-o como "mídia dos marginalizados", Luiz Beltrão (2004) inventariou as formas rudimentares por meio das quais as camadas populares expressam sua inconformidade em relação à sociedade instituída pelas estamentos superiores. Coletando evidências em várias regiões do País, o autor compôs um panorama unificado pela universalidade que advém do folclore, cujas "raízes, tronco e ramos" estão profundamente arraigados na natureza da cultura do homem.

A tipologia dessa comunicação rústica engloba quatro gêneros *folkmidiáticos*: oral, visual, icônico e cinético. Para melhor compreensão da sua natureza simbólica, convém descrever alguns tipos emblemáticos:

Folkmídia oral: cantoria – improvisações poéticas de artistas andarilhos que revivem os jograis ibéricos, percorrendo as comunidades rurais ou as periferias urbanas.

Folkmídia visual: literatura de cordel – folhetos impressos em tipografias rudimentares, narrando em versos os feitos dos heróis populares ou recontando em linguagem coloquial os romances canonizados pela literatura erudita.

Folkmídia icônica: ex-voto – conhecido como "milagre" ou "promessa", o ex-voto corresponde ação de graças por um "favor alcançado do céu".

Folkmídia cinética: forró – baile ou festa de gente humilde. Essas casas de dança surgiram, primeiramente, com a migração nordestina para o Rio de Janeiro, São Paulo e Brasília. Hoje, assimiladas pela mídia, adquirem visibilidade e estão espalhadas por várias regiões do País.

Transição lenta e gradual

Estes dois "Brasis" se confrontam, interagem, complementam. As manifestações *folkcomunicanais* do Brasil tradicional recodificam e reinterpretam as expressões massivas do Brasil moderno.

O fosso entre os dois fluxos foi se reduzindo lentamente no correr do século XX, traduzindo a pouca apetência e descompromisso das elites brasileiras no sentido de eliminar as desigualdades sociais. A chegada dos imigrantes estrangeiros no início do século passado acelerou, por exemplo, a expansão da imprensa, cuja leitura era demandada pelas comunidades letradas oriundas da Europa.

Mais recentemente, o incremento das oportunidades educacionais para os trabalhadores urbanos acarretou o crescimento das tiragens dos jornais e das revistas. A elevação do nível cultural das classes médias influiu na melhoria dos conteúdos da televisão, como foi o caso das telenovelas.

Mas, enquanto perdurar o impasse institucional, sem se alterar o quadro da exclusão social e da indigência educacional de qualidade, os dois sistemas comunicacionais permanecerão ativos, correspondendo às demandas culturais de audiências estanques ou segregadas.

| Capítulo IV

Mídia e escola

Caminhos cruzados

O campo que une educação e comunicação representa um novo espaço teórico capaz de fundamentar práticas de formação de sujeitos conscientes e efetivos cidadãos. Já é consensual que a constituição desse campo é uma tarefa complexa, pois exige o reconhecimento da mídia como um outro lugar do saber, que condiciona e influencia, juntamente com a escola e outras agências de socialização, o processo de formação dos indivíduos.

A interface dessas duas instâncias leva a uma metassignificação que ressemantiza os sentidos e exige, cada vez mais, o desenvolvimento da capacidade dos educadores, educandos e profissionais da comunicação, particularmente, de pensar criticamente a realidade, de conseguir selecionar, distinguir e inter-relacionar informações oriundas dos meios tecnológicos e de tantos outros, e de conhecimentos fornecidos pela escola. A complexidade dessa interface obriga-nos a reinventar conceitos, formular novas categorias de análise, bem como incorporar outras problemáticas para a compreensão dos processos de socialização e aprendizado na contemporaneidade.

Questões como a circulação de formas simbólicas, sua recepção e mediação, a criticidade, a informação, o conhecimento e a ressignificação da escola e do professor, entre muitas outras, devem ser incluídas nas pautas de discussão dos educadores e comunicadores, gestores ou professores. O desafio posto é a compreensão de um mundo cujo perfil se define cada vez mais pela mídia, entendida aqui como uma dimensão institucional da própria sociedade, e não como uma estrutura que lhe é exterior. Mídia que, de modo inédito na história, tem a capacidade de selecionar, agendar o que devemos conhecer e discutir no nosso cotidiano. Os meios de comunicação informam e conformam pontos de vista a partir do quais interpretamos assuntos. Isso ocorre porque esses meios se configuram também como "educadores", dividindo essas funções com agências socializadoras tradicionais, como a família e a escola.

Nessa perspectiva, é como se a realidade social fosse construída pela mídia, a partir da seleção e angulação dos acontecimentos, obedecendo a diferentes tipos de interesse. A escola, de forma similar, também recorta a realidade e promove representações discursivas meticulosamente construídas em ordenamentos curriculares, por exemplo, para que sirvam de orientação aos educandos na compreensão e interação com o mundo social.

Contudo importa entender que a recepção de bens simbólicos por parte de alunos, receptores ou usuários da escola e da mídia depende de "filtros" que tornam esse processo complexo, criativo e ativo, contrariando as teses de que receptores de produtos da mídia e da escola são consumidores passivos.

Assim, a lógica desses processos requer o entendimento de que a questão do conhecimento escolar e da comunicação pode ser mais da ordem da mediação, e menos do uso de meios ou de técnicas.

Comunicação cultural

A comunicação, possibilidade de reflexão e interação consciente, é fundamento da cultura e é co-natural ao ser humano. Não há sociedade, comunidade, grupos, organizações, sem que exista algum grau de comunicação entre os

MÍDIA & EDUCAÇÃO

homens, sem que haja interação social. Desse modo, desde as eras mais primitivas, a existência de seres humanos supõe a comunicação como cultura.

Assim como a cultura, a comunicação só se institucionalizou como um campo de estudos científicos no século passado. Seu objeto pode ser definido como uma conversação que constitui "uma espécie de mediação cotidiana do conjunto das relações sociais, da difusão das idéias e da formação das condutas que têm lugar na sociedade", como mostram Braga e Calazans (2001).

A conversação não deixa dúvidas quanto à sua particularidade frente a qualquer outro tipo de interação social como relação de trocas e de compartilhamento. Trata-se de processos simbólicos e ações práticas que organizam as trocas entre os indivíduos, viabilizando projetos em qualquer área: política, econômica, lingüística, educacional, estética, técnica, etc.

Dessa maneira, a comunicação se reveste de importância central, pois é uma estratégia racional de inserção do indivíduo na sociedade, e são seus objetivos que motivam o desenvolvimento de tecnologias midiáticas que aceleram e ampliam as modalidades das próprias comunicações.

Dito de outro modo, não são os meios de comunicação que definem os rumos da sociedade, mas é esta – por seus projetos, problemas e processos – que os determina.

De acordo com Braga e Calazans (2001), nos estudos da comunicação, temos, pelo menos, três razões para concentrar a observação na mídia como uma das dimensões instituintes da sociedade moderna, conforme analisa Thompson (1998):

1) Os meios audiovisuais são o fenômeno sócio-histórico que dá maior visibilidade e objetividade para não mais ser problematizado como parte de outras ciências;

2) A presença da mídia como processo comunicacional de produção de sentidos compartilhados na sociedade é notória. Pela primeira vez na história, a

sociedade se dotou de um vasto aparato tecnológico, empresarial, cultural e profissional para a geração, veiculação e consumo de mensagens e efeitos de fruição estética ou de lazer;

3) É um fenômeno que põe em causa modos habituais de "conversação social" dentro de espaços tradicionais como a família, a escola, as artes, a economia, etc. alterando-os em suas formas e conteúdos. (BRAGA; CALAZANS, 2001)

Essas redes de comunicação de massa e de tecnologias digitais podem ser classificadas segundo diversos critérios e gêneros. Vamos nos ater aqui aos modos de interação que a comunicação propicia e caracterizá-la em três grandes conjuntos:

1) *Meios e processos difusos e diferidos*: circulação imediata para um público generalizado, sem feedback imediato. É o caso do livro, jornais, revistas, cinema, etc.

2) *Meios e processos difusos*: com feedback previsto ou com seletividade avançada do público/usuário. São exemplos: sites da internet, programas de rádio e TV interativos, hipertextos e publicações especializadas, etc.

3) *Meios e processos dialógicos*: direcionados e com feedback midiático direto, do tipo conversacional. São as interações via telefone, correspondência escrita, e-mails e chats, orkuts e todo tipo de comunidade virtual. (BRAGA; CALAZANS, 2001)

Esses processos podem se combinar e gerar outros tantos procedimentos tecnológicos mais complexos e especiais. Fato é que, ao se dotar de mediações tecnológicas para desenvolver interações sociais, a sociedade contemporânea se enredou num cenário que não apenas acrescenta recursos técnicos que potencializam e diversificam sua comunicação, como também acaba por modificar esses próprios processos.

É isto que justifica a caracterização da sociedade, nas últimas décadas do século XX, por expressões como "sociedade de informação", "sociedade de comunicação", "sociedade midiática", "sociedade da idade mídia" e muitas outras adjetivações.

Essas são marcas sociais que decorrem da forte intensidade, diversidade e rapidez com que a mídia se inscreve nas atividades humanas, gerando um tempo conhecido como "cultura da imagem ou da tecnocultura".

Vivemos no mundo e com o mundo

Paulo Freire nos dizia, desde a década de 60 do século passado, que "vivemos no mundo e com o mundo". E que mundo é esse? Podemos afirmar que esse mundo é traduzido em uma realidade atravessada pela mídia, cujos profissionais, cada vez mais especializados, cumprem a tarefa de editar a realidade, fazer a "montagem" do mundo, a partir de supressões, acréscimos, destaques, ou simulando realidades que prescindem propriamente de serem reais, de existirem, para adquirirem ares de veracidade.

Dessa realidade todos tomamos parte ou a ela estamos expostos, assim como são reais as instituições que regulam a vida social e as moradas simbólicas que habitamos. Entre elas, a escola – entendida como um espaço de formalização da educação e como um processo social no qual imergimos ao nascer.

Como ciência, a Educação toma o homem e seus aprendizados como base comum de reflexão com outros campos científicos: o homem e seus embates para fazer valer sua natureza distinta da de outros animais, ou em suas ações pelas quais procura, cotidianamente, reafirmar sua condição de ser único, que se distingue radicalmente de todos os outros no conjunto da natureza (Tosta, 2000). Essa ação, como já nos lembrava Paulo Freire, não é outra senão o exercício da cultura e da educação.

Comunicação e Educação

As tecnologias, especialmente a informática, situam-se no desenvolvimento e mudanças da rede dos meios de comunicação de massa, que, mantendo convergências históricas com o sistema de educação formal – ambos são campos da interdiscursividade e da reflexão – possuem pressupostos bastantes semelhantes, apesar de operarem de modos distintos.

A escola e os processos de escolarização têm seus alicerces fundados na racionalidade iluminista, o qual difunde a crença de que a escola se constitui uma das condições essenciais para promoção da democratização e para o alcance da cidadania, sob a égide do Estado.

A comunicação, apesar de também ter se inspirado na semântica iluminista e se configurar como uma das dimensões institucionais da modernidade, se estruturou de forma mais ágil a partir da organização social de formas ou bens simbólicos em uma produção institucionalizada e de difusão geral. Difusão esta que ocorre por meio da transmissão, da reprodução e do armazenamento da informação/comunicação, como um fenômeno social amplo e extensivo que se faz presente de forma incondicional. Assim, a comunicação difunde, reitera e reforça formas de conduta e valores culturais (THOMPSON, 1998. In: TOSTA, 2001).

Com a telemática, a mídia encontra um modo de se organizar que tende à fragmentação da produção simbólica, que, por sua vez, prioriza a imaginação e a emoção. E busca nas teorias da informação os fundamentos para a criação de uma realidade virtual, de um "ciberespaço".

Como a educação, a comunicação também visa à circulação da livre expressão e informação como condição para a democracia social e o exercício da cidadania. É importante lembrar que, historicamente, a mídia dependeu da expansão da educação com vistas à alfabetização para a formação de mercados e públicos consumidores.

Esse mundo das tecnologias sustenta-se nos meios transnacionais da cultura e é fomentado, sobretudo, pelo poder político-econômico, tendo se expandido de forma surpreendente nos últimos anos, conforme nos mostra Castells (1999). Na sociedade contemporânea, vem a ser o que o pesquisador inglês Thompson (1998) designa de "poder simbólico", que age e interage junto às outras esferas de poder da sociedade e tem no sistema educacional uma das instituições culturais estruturantes do e estruturadas no poder.

Nessa perspectiva, podemos entender que a mídia compartilha, há mais de um século, com a escola e com a família, o processo educacional e a tarefa de socialização e de formação de sujeitos inscritos em um campo cultural, contrariando a tese da escola como instância privatista desses processos.

Assim, podemos afirmar que são nos processos de educação e comunicação, amparados na tradição sobretudo na oralidade e na imagem que recebemos e reelaboramos a cultura: a cultura dos outros, dos nossos ancestrais; a nossa cultura. Nessa dinâmica, aprendemos a elaborar o novo, fazemos avançar a história, tendo esta, na palavra, um dos seus elementos mais fortes, porque é sustentáculo da "prática social solidificada", como afirma Schaff, citado por Baccega (2000).

No processo de educação realizam-se, ainda, dois movimentos: um primeiro, em que é feita a mediação entre o social, a prática construída e o indivíduo, no qual se forma a base dos pensamentos individual e coletivo e é quem possibilita a continuidade do processo histórico da cultura; e um segundo, que se caracteriza pela mediação que a palavra e a imagem fazem entre o pensamento individual e o social e pela possibilidade que cada um tem de ser sujeito, de reelaborar produzindo o novo, revelando como a educação se desenvolve na tensão entre o individual e o social.

Mas retornemos à indagação posta pelo mestre Freire: que mundo é este no qual vivemos? Diríamos: é este que é trazido pela mídia, que nos chega via satélite, infovias, ciberespaços, hipertextos e tantas outras ferramentas, cuja tradução para consumo e uso é editada, como parte da construção da cultura na qual nos formamos.

Frente a esse cenário, seriam necessários argumentos mais convincentes para darmos conta do quão urgente e vital é a interação comunicação/cultura, na qual reside a conjunção comunicação/educação/escola. Em outros termos, se temos a pretensão de formar cidadãos críticos, urge entender os mecanismos de organização, produção e regulação da mídia, pela via crítica adorniana ou outras, de modo a sermos permanentemente educados para ler, selecionar, criticar, refutar, ressignificar o mundo e nos construirmos como sujeitos autônomos, competentes do ponto de vista técnico, político e ético.

Convergências, divergências

Se concordamos que os sistemas midiáticos como dispositivos de produção de sentidos e significados se constituem em um novo espaço teórico capaz de fundamentar práticas de formação de sujeitos autônomos, está posta a necessidade de conhecer o lugar onde os sentidos se formam, desviam, emergem, viajam... Na complexidade de encontros entre mecanismos simbólicos como a escola e a mídia, os sentidos são consumidos, usados, ressignificados, e a capacidade de pensar e agir criticamente frente à realidade torna-se indispensável, sobretudo quando entendemos que a cultura da mídia se manifesta como um conjunto articulado e diversificado de produtos. É um cenário de enunciação e transmissão que entra em relação com um conjunto de vivências marcadas pela cotidianidade da vida, no qual receptores/usuários organizam a recepção/interpretação/consumo/uso dos bens simbólicos.

Ou seja, conviver numa sociedade altamente simbólica implica afirmar que a cultura da mídia, na verdade, se enraíza e ganha significação no território onde se encontram ambos os cenários (produção e recepção) e não em apenas em um ou em outro. É nesse território de negociação de significados que a educação, com destaque para a escola, adquire materialidade, atua.

Assim é que entendemos que educação e mídia são campos originais, abrangentes e interdisciplinares, que muitas vezes tendem, equivocadamente, a reduzir à sua lógica e perspectiva todas as outras. Por isso mesmo, é necessário, pela aprendizagem, pesquisa e experimentação sistemática, adentrar nas totalidades e remodelar ângulos e novos pontos de observação.

De comum acordo com Braga e Calazans (2001),

> as interações mais evidentes entre Comunicação e Educação são propostas a partir das intencionalidades educativas- no esforço de aperfeiçoar os processos comunicativos necessários à obtenção de aprendizagem. (p. 57)

Citemos algumas delas:

1) Usos dos meios tecnológicos no ensino presencial e a distância;

2) Educação para os meios tecnológicos;

3) Leitura crítica da mídia;

4) Saberes escolares e saberes da experiência cotidiana e midiática;

5) Sistemas de representação dos processos escolares na mídia e desta na escola.

Tecnocultura

A era digital trouxe inovações e facilidades para o homem que superaram de longe o que a ficção previa até pouco tempo atrás. Se antes precisávamos correr em busca de informações de nosso interesse, hoje, úteis ou inúteis, elas é que nos assediam: resultados de loterias, dicas de cursos, variações da moda, notícias dos mais diversificados assuntos, ganhadores de gincanas, conselhos conjugais, maternais, de culinária, dentre outros.

Por outro lado, essa avalanche de informações, bem como a velocidade com que elas chegam até nós, tem causado uma espécie de "caos" na memória. Cientistas são unânimes ao associar a rapidez das informações geradas pelo mundo digital com a restrição do nosso "disco rígido" natural: o cérebro (COLLAVITTI, 2002).

Todavia, esses cientistas defendem que o problema não está necessariamente no uso das tecnologias digitais, mas sim no uso exagerado delas, fazendo com que deixemos de lado atividades mais estimulantes, como a leitura, que envolvem diversas funções do cérebro.

Nesse processo, que poderíamos chamar de transição cultural oral e escrita para cultura digital, as crianças e adolescentes têm sido, talvez, os mais prejudicados, uma vez que o desenvolvimento neuronal acaba sendo moldado preguiçosamente.

Para se ter uma idéia dessa saturação de informações, calcula-se que nas últimas três décadas a humanidade produziu um volume de informações maior do que nos cinco mil anos precedentes e, em breve, isso será duplicado a cada quatro anos.

Tomando como exemplo apenas uma parte do segmento de mídia impressa, vale destacar o dado presente no livro *Ansiedade de informação*, do americano Saulk Wurman. Segundo esse escritor, cerca de mil livros são publicados diariamente no mundo. O que dizer então do número de páginas de jornais e revistas produzidas diariamente? Da TV, com sua infinidade de programas nos canais abertos e fechados? E, ainda, da Internet, com os milhões de sites disponíveis, linkados uns aos outros, que tornam a cada dia a leitura mais vertical e mais fragmentada? Entende-se por leitura vertical aquela feita diante de uma tela do computador no qual você pode passar horas em frente, visitar inúmeros sites e, horas depois, não se recordar de mais nada do que viu ou leu.

Talvez esteja aí o maior desafio da Educação de hoje: incentivar o uso das tecnologias digitais, e, ao mesmo tempo, não permitir que o conhecimento se forme fragmentado, supérfluo e vazio. Melhor, que ele nem sequer ocorra.

Esses descompassos e tensões entre as culturas oral, escrita e imagética acabam gerando o que a psicanalista Maria Rita Kehl (2000) chama de "violência do imaginário, capaz de afetar todas as modalidades do laço social". Ela cita a TV como uma das responsáveis por esse tipo de violência que se dá no nível inconsciente do indivíduo. Recorrendo a

Freud com os conceitos de "desejo" e de "gozo", Kehl diz que a programação da TV trabalha o tempo todo com a realização dos desejos do telespectador, com imagens, sons e cenários que relatam histórias de vida, cenas chocantes, etc. Essas imagens geram o gozo e quando ele ocorre, o pensamento (rodeio que o ser humano precisa fazem em busca de um objeto sempre perdido) cessa. Cessando o pensamento, cessa a reflexão.

> Diante da TV ligada, isto é, diante de um fluxo de imagens que nos oferecem o puro gozo, não é necessário pensar. O pensamento é um trabalho e ninguém agüenta pensar (trabalhar) o tempo todo. Ele só é convocado a operar quando falha a realização de desejos. Essa é a primeira premissa: o funcionamento do imaginário dispensa o pensamento [...] e quanto mais o fluxo de imagens ocupa espaço na nossa vida real e na nossa vida psíquica, menos é convocado o pensamento. (Kehl, 2000, p. 136)

Em termos quantitativos, os dados do Grupo de Mídia (1991) sobre o uso da TV pela população brasileira informam que as crianças consomem mais de quatro horas diárias de televisão, os jovens, cerca de três horas, e os adultos, três horas e meia. E um aspecto fundamental é considerar que o hábito de ver televisão está diretamente associado ao tempo que as pessoas permanecem em casa. Sua função de entreter é preponderante aos efeitos informativos e educativos (Sá, 2005). Assim, sob a liderança da TV, os meios de comunicação desempenham um papel decisivo na formação da população brasileira, agindo como educadores coletivos.

Em pesquisa mais recente, o UNICEF demonstrou que as crianças brasileiras são, no mundo, as que mais permanecem em frente à TV. Em contrapartida, são as nossas crianças as que menos lêem no mundo.

Supondo, então, que o tempo dedicado à recepção de veículos da mídia pela população em idade escolar seja superior àquele preenchido pela escola, pela família, ou por que arranjo for, vale a pena refletir sobre a natureza da educação coletiva implícita nesse espaço que o canadense McLuhan (1968) chamou apropriadamente de "aula sem paredes".

Tornando mais complexa essa equação, é necessário admitir, portanto, que, se a qualidade do ensino formal proporcionado às novas gerações for deficiente, inegavelmente a cultura de massa (aquela produzida pelos meios de comunicação de massa) terá chances muito maiores de atrair e influenciar crianças e adolescentes.

Meios de comunicação na escola

Afirmaremos que o conhecimento é como uma escada: se ficarmos apenas num patamar, distanciados das observações que estão sendo feitas por outros, teremos uma visão parcial, fragmentada, incompleta da realidade. Em outras palavras, o conhecimento que cada ciência possibilita não dá conta do objeto por si só. É evidente que a importância dessas várias e incompletas percepções. Pelo contrário, consideramos que elas podem ser excelentes degraus de entrada para se pensar a totalidade social. Porém, para se pensar essa totalidade sem reparti-la, nos valemos do argumento de Canclini ao afirmar a necessidade de: demolir essas divisões e tantas outras em três pavimentos. Essa é uma concepção de camadas do mundo social, que dá conta da "hibridação" da cultura contemporânea, para a qual precisamos de

> ciências nômades, capazes de circular pelas escadas que ligam esses pavimentos. Ou melhor: que redesenhem esses planos e comuniquem os níveis horizontalmente" Realidades que precisam ser apreendidas de forma a permitir que, com criticidade, possamos construir novas variáveis históricas que beneficiem a todos. (CANCLINI, 1997, p. 28)

Com base na reflexão e partindo do pressuposto de que uma das principais funções da educação é formar a consciência crítica do indivíduo, sendo que ensinar não é transferir conhecimento simplesmente, mas criar possibilidades para a sua própria produção ou construção (FREIRE, 2003), reafirmamos que se faz necessário, nos tempos atuais, pensar a Educação com uma perspectiva comunicativa.

Mais do que isso, pensá-la como uma instância de produção de conhecimento que saiba lidar com os processos comunicacionais, incluindo todo o aparato midiático disponível na sociedade. A análise de diferentes formas e conteúdos midiáticos poderá fornecer elementos significativos para o gestor, para o professor e para o aluno em sala de aula e nos múltiplos espaços de que a escola dispõe, na medida em que esse professor-*mediador* estiver inteirado dos processos de produção cultural que se apresentam na mídia.

Em sua obra *Pedagogia da autonomia*, Paulo Freire (2003, p. 139) já dizia que "pensar em televisão ou na mídia em geral nos põe o problema da comunicação, processo impossível de ser neutro". Nessa perspectiva, o objetivo do trabalho educativo torna-se o de transformar a informação midiática em conhecimento de conteúdo educacional e social e de interesse para gestores, professores, alunos e o entorno da escola. Ao usar meios e suportes diversificados, o professor pode contribuir para a constituição de sujeitos aptos a interagir com o mundo e a assumir posições comprometidas com a transformação social.

Todavia, durante muito tempo, a força dos textos veiculados pela mídia foi ignorada pela escola. O quadro foi mudando ao longo do século XX, porque, dentre outros motivos, a atuação cada vez mais onipresente de alternativas midiáticas na vida dos estudantes fez com que grupos de professores e iniciativas do governo ou da sociedade civil revissem algumas questões e passassem a considerar a confluência da Comunicação com a Educação.

Poderíamos acrescentar, também, que o acelerado desenvolvimento da tecnologia comunicacional, presente no final do século XX e no início do XXI, favoreceu o processo de midiatização da cultura, o questionamento das práticas pedagógicas tradicionais e ainda, o desejo de estudo, de análise e de intervenção nessas duas áreas.

| Capítulo V

Iniciativas nas interfaces

Algumas instituições escolares têm incorporado em seu contexto a utilização dos meios de comunicação, acreditando serem eles recursos facilitadores do trabalho docente. Acreditam, também, que com a utilização de linguagens audiovisuais o aluno não encontrará tanta diferença entre a escola e o seu cotidiano.

Se esse fato já é significativo para o reconhecimento da mídia na escola, consideramos que práticas como essa precisam avançar para que exista uma reflexão qualificada, contextualizada e sistematizada da realidade. Nela, a comunicação não só impõe sua presença, como define, de certo modo, o perfil da sociedade contemporânea. Uma reflexão que implica que o debate sobre a mídia seja apropriado nos projetos político-pedagógicos das instituições de ensino – em outros termos, introduzir no cotidiano da escola as linguagens das mídias e os temas por elas difundidos como objeto de estudo e de reflexão por parte de gestores, alunos e professores. Evidentemente que não estamos sugerindo substituir o conceito pela imagem ou a razão pelo sentimento, mas, sim, de integrar a escola e a mídia, instituições que até então vêm caminhando de forma paralela, com a segunda na dianteira.

À escola cabe, além de educar o aluno no sentido de torná-lo receptor crítico, formar o professor, apropriador crítico de linguagens, seja em termos de conteúdo ou de tecnologia – lembrando que a compreensão de um texto envolve o suporte técnico que o ancora.

Somado a isso, o próprio fato de que crianças, jovens e adultos trocam e comentam suas apropriações do que viram na TV, na internet, na escola em seus diversos tempos e espaços, indica o amplo caminho pelo qual passa o processo de recepção. Usando a metáfora de Orozco, a TV se estende até a escola, passando às vezes pela sobremesa depois do jantar, com a conversa entre irmãos antes de dormir, com os amigos. "Em cada um desses momentos, trocam-se impressões e significados provisionais daquilo que foi visto na tela, e se vão afinando as maneiras de compreender as mensagens" (OROZCO, 1997, p. 67). Como reafirma Sá (2005), a recepção televisiva, então, não é um processo que só transcorre num lugar que se vive em família ou num lugar onde se assiste à TV, ainda que aí certamente uma parte importante dele aconteça.

Nesse sentido, é importante reforçar que, se a partir da escola a criança receber instrumentos mais especializados – como uma educação para lidar com a tecnocultura comunicacional que tem provocado a tensão entre a linguagem oral, escrita e visual – e se ela tiver mais oportunidades de expressão e desenvolvimento de suas habilidades comunicativas, seguramente será formado um receptor mais bem preparado e capaz de tomar decisões frente às mensagens midiáticas que lhe são oferecidas. Essa tem sido a aposta dos chilenos, que, em seus planos de estudo, incorporam uma educação para os meios como um dos quatro eixos prioritários da educação escolar.

Tem sido também a aposta dos australianos, britânicos, nórdicos, suíços e alemães, que há vários anos já vêm incluindo ao currículo da educação formal matérias que buscam potencializar as destrezas comunicativas das crianças frente aos diversos meios de comunicação de massa (CREEL; OROZCO, 1990. In: SÁ, 2005; MAGALHÃES, 2007).

Evidentemente não advogamos que a escola se mire na mídia ou se transforme num gênero híbrido que resulte de um tipo de "imitação" da mídia dentro da escola (Barbero, 1987), mas consideramos que as mudanças culturais provocadas pela mídia só podem ser compreendidas de modo mais abrangente quando a colocamos em situação. Dito de outro modo, a ação da mídia somente ocorre em conjunto com outros condicionantes materiais e simbólicos, que podem ou não favorecer o seu êxito.

É nessa perspectiva que o colombiano Martin Barbero aposta na tese de que a questão da mídia é menos falar de meios e mais de mediação, ou seja, entender a apropriação e usos dos bens produzidos pela mídia passa pela compreensão de que tal processo ocorre de forma mediada pelo contexto cultural em que ela ocorre.

Paradigmas históricos

As teses lançadas pela UNESCO, na década de 1960, reconhecendo o papel indutor da mídia nos processos de desenvolvimento, permaneceram em certo sentido "congeladas" durante a quarentena vivenciada pela instituição no período pós-MacBride, quando os Estados Unidos se retiraram da organização, cortando os subsídios econômicos, momento também marcado pela falência do bloco comunista, o que deixou o "terceiro mundo" com o sentimento de orfandade.

Esse fenômeno foi motivado pelo ceticismo que se alastrou mundialmente, no ocaso da Guerra Fria, quando as lideranças intelectuais e os movimentos populares arrefeceram os ânimos em relação às mudanças sociais possíveis nas "sociedades nacionais", sem que tivéssemos conquistado uma nova ordem internacional.

Novos ventos começaram a bafejar a América Latina no final dos anos de 1990, na esteira dos processos de fortalecimento democrático, motivando as vanguardas acadêmicas a abandonar as posturas derrotistas ou imobilistas assumidas diante da falência do "socialismo real".

Surgiam pouco a pouco reações à inércia, identificando, no quadro ascendente da "globalização", sinais de esperança cultivados pelas "redes cidadãs" que cimentavam as bases de uma sociedade civil internacional, fomentando a idéia de que um "novo mundo" era possível.

Essa onda restauradora da "auto-estima" das sociedades periféricas foi em grande parte nutrida pelas possibilidades ensejadas pela "nova mídia", que se tornou alavanca da ressurreição de matrizes étnicas, identidades comunitárias, sentimentos regionais e valores nacionais, demonstrando que o "mundo novo" começava a ser construído no terreno fértil da diversidade cultural.

Por isso mesmo, vale a pena resgatar dois paradigmas da educação por meio da mídia que repercutiram fortemente em território brasileiro: o cassete-fórum de Mario Kaplun e a leitura crítica da comunicação da UCBC.

Cassete-fórum

Mário Kaplun vem se convertendo em símbolo do debate sobre a educomídia como alavanca da cidadania. Trata-se de brilhante intelectual, cuja identidade uruguaia nunca ofuscou a nacionalidade argentina, nem arrefeceu a cidadania latino-americana que assumiu ostensivamente nos tempos amargos do exílio político.

Ele se destaca como ícone representativo daquela "mestiçagem cultural" e do "hibridismo metodológico" que caracterizam a segunda geração do pensamento comunicacional latino-americano.

A trajetória intelectual de Kaplun traduz nitidamente o significado daquilo que temos reivindicado como expressão do "pragmatismo utópico". O pragmatismo advém da experiência que acumulou nos tempos da juventude como profissional bem sucedido no rádio e na televisão, inicialmente em Buenos Aires e depois em Montevideo, produzindo programas de informação e de entretenimento. A utopia está evidenciada na síntese criativa que elaborou a partir das idéias seminais de Antonio Pasquali, Ramiro Beltrán e Paulo Freire, exegetas da crítica ao unilateralismo retórico da indústria midiática e propugnadores de alternativas de intercâmbio simbólico capazes de ensejar autênticos processos comunicacionais, ou melhor, diálogicos.

Qual a originalidade de Mário Kaplun?

Exatamente a de haver ultrapassado o patamar exegético palmilhado pelos pensadores pioneiros como Pasquali, Beltrán e Freire, concretizando suas propostas teóricas e construindo métodos e técnicas destinados a transformá-las em ações eficazes.

Recorrendo ao paradigma experimental a partir da práxis profissional acumulada, Kaplun agregou pragmatismo à utopia. Sua criação principal foi o método *casette-forum*, por meio do qual otimizou uma tecnologia rudimentar, implementando a comunicação de retorno, que permitiu o diálogo a distância, não apenas entre pessoas, mas entre grupos.

A inovação difundiu-se imediatamente como possibilidade de comunicação interativa entre educadores e educandos, especialmente em programas de educação de adultos ou em projetos de treinamento ocupacional dirigidos a trabalhadores rurais e urbanos.

Sua legitimação acadêmica, entretanto, só se daria em 1984, quando uma instituição canadense, o Centro Internacional de Investigaciones para el Desarrollo, publicou a memória completa da pesquisa e sua validação pela prática institucionalizada no documento *Comunicación entre grupos: el método del cassette-foro* (1984). Essa obra significa uma mudança na trajetória intelectual de Mário Kaplun, pois até então sua produção bibliográfica fora marcada pela sistematização do conhecimento empírico adquirido no mundo profissional – o que ele demonstra magnificamente no livro *Producción de programas de rádio* (1978) – ou pela análise crítica da indústria radio-televisiva – o que está explícito em seus primeiros ensaios: *La comunicación de masas en América Latina* (1973) e *La radiotelevisión latinoamericana frente al desafio del desarrollo* (In: CIESPAL, 1975).

Seu reconhecimento profissional fora marcado pelo êxito das séries televisivas produzidas e difundidas em toda a América Latina, destacando-se *Jurado 13*, que contou com o respaldo de organizações católicas internacionais. Como essa atividade na indústria midiática passou a sofrer restrições após a tomada do poder pelos militares sul-americanos, não lhe restou outra opção senão enveredar pelos caminhos da comunicação popular alternativa, o que predominou no seu período de exílio.

Seu domínio eficaz do fazer comunicacional, adquirido na indústria midiática, somado às incursões investigativas feitas de modo ousado e criativo no campo da educação informal, embasaram a produção de três livros essenciais para os aprendizes e exegetas da "educomídia". O primeiro deles é o manual *El comunicador popular* (1985), no qual ele ensina o caminho das pedras aos educomunicadores atuantes nos movimentos populares, com a intenção de forjar cidadãos participantes. O segundo é o ensaio *A la educación por la comunicación* (1992), onde sistematiza sua própria experiência no campo da comunicação educativa e oferece pistas para os jovens estudiosos da matéria. O terceiro é sua obra de maturidade – *Una pedagogia de la comunicación* (1998), na qual revisa a práxis do comunicador popular, expondo suas concepções teórico-metodológicas sobre a comunicação educativa, visando a formação de cidadãos críticos.

Kaplun ocupou naturalmente um lugar privilegiado na segunda geração da Escola Latino-americana de Comunicação, dando um passo adiante em relação aos pioneiros que se haviam circunscrito ao ambiente acadêmico ou àqueles espaços públicos propiciados pelas organizações governamentais.

Leitura crítica da comunicação

O projeto Leitura Crítica da Comunicação foi desenvolvido pela União Cristã Brasileira de Comunicação Social (UCBC), na década de 1970. Situado no campo educacional, apresentou-se como sugestão de trabalho para educadores, animadores, lideranças de movimentos populares, religiosos e agentes de pastoral da comunicação das Igrejas Cristãs. O projeto encontrou suas raízes na preocupação dos fundadores da UCBC em discutir a problemática da consciência crítica e do senso crítico frente aos meios de comunicação de massa.

Em meados da década de 1970, a Conferência dos Religiosos do Brasil (CRB) e a CNBB solicitaram a assessoria da UCBC para orientar os professores dos colégios católicos no sentido de introduzir a leitura da mídia nos processos de educação formal.

As primeiras salas de leituras foram feitas em São Paulo, no Rio Grande do Sul, Rio de Janeiro, Minas Gerais e Espírito Santo. Elas foram estruturadas e testadas pelo professor José Marques de Melo e pelo Frei Romeu Dale, respectivamente presidente e secretário-geral da UCBC, na época. Depois, foram sistematizadas e desenvolvidos pelos professores Attilio Hartman e Ismar de Oliviera Soares, que assumiram a liderança da UCBC posteriormente.

Os projetos de LCC foram influenciados metodologicamente pelos programas de Treinamento de Análise de Televisão (TAT), construídos por George Gerbne nos Estados Unidos e adaptados para o Brasil por Reinaldo Brose, sendo este apoiado pelo Instituto Metodista de Ensino Superior, atual Universidade Metodista, em São Bernardo do Campo-SP.

Refletindo as preocupações da época sobre a expansão da mídia, principalmente a TV, e orientado, principalmente, por uma leitura dos teóricos da Escola de Frankfurt em suas análises sobre a indústria cultural, o Projeto guardava uma concepção moralista de combate aos excessos da TV no tocante à violência, ao sexo, à estereotipagem da realidade, à inadequação da programação infantil, dentre outros aspectos. Sua dinâmica de realização constituía-se como uma tentativa de ajudar o telespectador a enfrentar com mais segurança a TV, no intuito de educá-lo para ser um consumidor inteligente, com senso crítico perante a realidade da televisiva.

Diante de críticas recebidas pelo TAT, principalmente da área acadêmica, o LCC tentou superar essa concepção moralista que terminava esbarrando numa visão maniqueísta do fenômeno da comunicação de massa, procurando aplicar os princípios da educação dialógica de Paulo Freire.

Contudo, no processo da institucionalização, o LCC adquiriu um perfil mais próximo dos debates sobre os sistemas de comunicação, a indústria cultural, as contradições e os efeitos da mídia enquanto agentes formadores de opinião pública.

Os objetivos centrais do projeto de Leitura Crítica da Comunicação, sintonizado com seu tempo e com as tendências nele predominantes, eram o de denunciar a manipulação exercida pelos meios de massa e alertar sobre os responsáveis pelo controle e desvio da informação – ou seja, os próprios sistemas sócio-político, econômico e cultural vigente no Brasil. Ao lado dessa postura denuncista da mídia, o projeto procurava apontar pistas de ação orientando projetos e estratégias, principalmente para o exercício da comunicação alternativa e popular.

A comunicação cristã foi alvo de tratamento especial nas experiências do LCC e organizou-se como um curso à parte, chamado de Leitura Crítica da Comunicação Cristã.

Por volta de 1982, o projeto LCC expandiu suas áreas de atuação e passou por um tipo de setorização que segmentou públicos e definiu atividades. Foi dividido em:

1) *LCC – Análise*, para setores médios da população, como professores, estudantes, profissionais liberais, etc.;

2) *LCCC – Leitura Crítica da Comunicação Cristã*, para grupos religiosos de diversas Igrejas Cristãs, em conjunto com o Serviço de Pastoral da Comunicação – SEPAC, da Congregação Paulinas;

3) *LCC* – para grupos populares, na cidade e no campo;

4) *Seminários de Avaliação e Capacitação*, uma espécie de pastoral da comunicação para agentes de treinamento.

Do ponto de vista teórico, podemos interpretar o Projeto de Leitura Crítica da Comunicação com uma definição conceitual pouco precisa, sendo possível inseri-lo no debate, hegemônico à sua época de criação e implementação, de uma visão dualista e de oposição entre uma cultura de massa e uma cultura popular nos termos de uma "boa" e uma "má" cultura, pela recusa ao fenômeno da indústria cultural e por uma certa reificação da cultura do povo. Suas análises do fenômeno cultural da comunicação eram orientadas por uma visão acentuada do poder econômico, determinado por aqueles que eram proprietários da mídia, e, nessa medida, definidor de toda a trajetória de produção, circulação e consumo da comunicação. Constituindo-se, como no dizer de Althusser, em um dos "aparelhos ideológicos" do Estado.

É possível que tenha faltado ao LCC uma maior precisão de seus objetivos no que se referia à cultura popular e suas possibilidades de crítica aos conteúdos da mídia: os sujeitos nela envolvidos, a relação emissor/receptor, a produção das linguagens, a veiculação, os níveis de interpretação da informação, etc.

Outra questão em aberto era sobre a natureza do LCC, que, a exemplo de programas semelhantes, navegava entre a militância, o assistencialismo e a assessoria, sem que se pudesse dizer exatamente do que se tratava. Do ponto de vista institucional, é possível afirmar que o LCC, dentro da União Cristã Brasileira de Comunicação Social, foi uma ação identificada com a opção evangélica que as Igrejas cristãs fizeram na América Latina e que as levou ao compromisso com as camadas pobres e marginalizadas do continente.

O LCC, portanto, pode ser situado num quadro institucional que vinha se desdobrando desde o II Concílio do Vaticano, quando a questão da mídia foi debatida intensamente na Igreja Católica e tornou-se motivo de decretos, encíclicas e outros documentos, como pode-se verificar em vários estudos, entre eles Soares (1988), Pessinatti (1998) e Tosta (2005).

Considerando-se que o LCC só pode ser compreendido enquanto pedagogia de leitura crítica da mídia quando situado no contexto histórico específico em que foi idealizado, ele pode ser considerado extemporâneo? Cremos que não, desde que a proposta seja repensada e (re)situada criticamente na sociedade contemporânea e em um projeto demarcado teórica e metodologicamente como uma das angulações possíveis dos campos Educação e Comunicação (TOSTA; SÁ, 2004).

CAPÍTULO VI

DESAFIOS EDUCOMEDIÁTICOS

Atualização histórica

Historicamente, as relações entre a comunicação e a educação têm sido decisivas para configurar a fisionomia das sociedades democráticas. Tanto assim que Daniel Lerner (1958), tomando como paradigma as modernas sociedades européias, identificava a universalização das oportunidades educacionais como requisito indispensável ao processo de modernização das sociedades tradicionais.

Sem educação, a sociedade permanece manietada pela exclusão cognitiva, inibindo em conseqüência o desenvolvimento da imprensa, fator civilizatório por excelência (Marques de Melo, 2003). Sem educação e sem imprensa, alavancas da participação cidadã, as sociedades permanecem estancadas, porque seu povo, no dizer de Paulo Freire (1967), é silencioso, mudo, inapetente à participação. É justamente esse o quadro de cultura que alimenta os regimes autoritários, antípodas da democracia e da modernidade.

Nos seus 500 anos de trajetória, as sociedades ibero-americanas têm sido testemunhas oculares da persistência de mecanismos inibidores do desenvolvimento democrático. A falta de sintonia entre o desenvolvimento educacional e o desenvolvimento comunicacional vem retardando, principalmente nas Américas, o trânsito para a constituição de democracias estáveis e auto-referentes. Não é sem razão que os populismos continuam a vicejar, e os retrocessos institucionais se repetem, nutrindo democracias de fechada, por meio das quais as velhas e as novas oligarquias se perpetuam no poder.

Desde que se constituíram como Estados politicamente autônomos, no início do século XIX, as nações latino-americanas foram se desenvolvendo intelectualmente sob o estigma da exclusão educacional. Tal situação reproduzia em grande estilo o modelo de sociedade cultivado pelo regime colonial, tanto sob a égide dos castelhanos quanto dos lusitanos, tendo continuidade durante o regime independente, sob o comando das oligarquias crioulas (MARQUES DE MELO, 2004).

Não obstante contassem com meios impressos de comunicação, as repúblicas hispano-americanas e o império luso-brasileiro consolidaram modelos educomunicacionais erigidos como privilégio das elites. Considerando-se que os grandes contingentes das populações nacionais eram formados pelos trabalhadores iletrados, livres ou escravos, vivendo no campo ou nas cidades, a mídia impressa se converteu historicamente em espaço desfrutado apenas pelas classes superiores, incluindo as camadas médias beneficiadas pelos conhecimentos adquiridos na escola.

A situação intelectual das nações latino-americanas começaria a ser modificada somente no século XX, com as políticas públicas destinadas à universalização do sistema educacional. Adotadas em poucos países, mesmo assim elas abrangeriam preferencialmente as populações residentes nos centros metropolitanos. O processo de redução da marginalidade comunicacional das grandes massas sul-americanas somente seria alterado com o incremento das tecnologias eletrônicas de difusão simbólica, agora potencializadas pela revolução digital.

A expansão do rádio (a partir dos anos de 1930) e o desenvolvimento da televisão (a partir dos anos de1950) ensejam oportunidades para a melhoria do apetite cognitivo das populações economicamente ativas. Até mesmo os contingentes analfabetos seriam promovidos à condição de consumidores culturais dos produtos sonoros ou audiovisuais disseminados pelas redes abertas, por serem acessíveis e de baixo custo.

Estamos ingressando no século XXI e podemos celebrar, na geografia americana, cinco séculos de institucionalização midiática. Contudo, o mapa da exclusão, duplamente educacional e comunicacional, permanece inalterado. Continuam a vigorar panoramas caracterizados pelo pauperismo cultural das grandes massas. Elas estão geralmente distanciadas ou foram precocemente expulsas das redes educativas formais.

Os maiores contingentes humanos da América Latina são nutridos por conhecimentos efêmeros, fragmentados e superficiais, somente propiciados pelas "escolas paralelas" que brotam das redes midiáticas. Engrossando a categoria dos cidadãos de segunda classe, estes se tornam ineficazes ou inapetentes no sentido de atuar democraticamente como sujeitos da sua própria história.

Transformar essa realidade injusta constitui o maior desafio das nossas vanguardas, neste limiar da era digital. Certamente as recentes experiências das matrizes ibéricas, que saldaram o déficit educacional durante a contingência da europeização acelerada, podem servir de referente histórico. Elas podem embasar ou sinalizar este processo tão almejado pelas nações hispânicas e lusófonas que integram a América Latina, o que Darcy Ribeiro (1970) chamava simbolicamente de "atualização histórica".

Urge fomentar a pesquisa, suscitando idéias e propostas para a superação do impasse histórico das sociedades ibéricas: o descompasso entre educação e comunicação, gerando exclusão cognitiva e reforçando estruturas aparentemente democráticas. Na medida em que a participação cidadã se reduz ao consumo dos bens essenciais à sobrevivência, o poder permanece como monopólio de elites hábeis, ágeis, sagazes, que se reproduzem ciclicamente ou se alternam estrategicamente.

Anotamos, aqui, dois desafios cruciais que devem ser priorizadas na agenda investigativa dos jovens educomunicadores: a exclusão cognitiva e a cultura do silêncio.

Exclusão cognitiva

O conceito de *comunicação de massa* (WRIGHT, 1968), fenômeno popularmente "abrasileirado" pelo termo *mídia*, foi estabelecido pela sociologia norte-americana para caracterizar o sistema de difusão cultural gerido pelas modernas empresas que comercializam informação e entretenimento.

Trata-se de processo historicamente configurado pela emergência da imprensa gutenbergiana, quando o *livro* se converte em bem de consumo portátil (MCLUHAN, 1968). No entanto, a sua dimensão massiva só se afirmaria em meados do século passado, quando o *jornal* deixava de ser um produto circunscrito às minorias de assinantes e conquistava as multidões de leitores que circulavam pelas ruas das grandes cidades (JACOBS, 1961).

Dois fatores são decisivos para essa mudança: a ampliação das *oportunidades educacionais*, multiplicando o contingente de leitores; e a elevação da *capacidade aquisitiva*, permitindo aos trabalhadores da indústria o consumo de bens simbólicos. O pano de fundo dessa *revolução cultural* é a pujança da democracia representativa, que se estriba no desejo de participação política dos cidadãos (LERNER, 1964).

Se o *jornal* e a *revista* democratizam a informação, possibilitando o acompanhamento do desempenho dos governantes e potencializando oportunidades econômicas, o *cinema* cria condições para suavizar a rotina da produção em série, descerrando as portas da fantasia e da diversão para o cidadão comum. Este benefício já vinha sendo usufruído, por meio da literatura e da música, pelo reduzidos segmentos possuidores de renda suficiente para adquirir *livros* e *discos* (setores industriais que não haviam ingressado ainda na fase da economia de escala).

O *rádio* e posteriormente a *televisão* otimizariam as duas dimensões culturais da vida cotidiana – o real e o imaginário –,

MÍDIA & EDUCAÇÃO

integrando-as em produtos sincréticos (Morin, 1967). Ao mesmo tempo, tornaram-nos acessíveis àqueles bolsões populacionais desprovidos de escolaridade básica ou estacionários no patamar da alfabetização funcional. A expansão de tais veículos alcançou índices surpreendentes, sobretudo pelas vantagens econômicas proporcionadas aos seus usuários. O subsídio que as empresas de comunicação recebem dos anunciantes publicitários reduz o dispêndio dos rádio-ouvintes e dos telespectadores. Estes necessitam tãosomente fazer um investimento inicial com a aquisição dos aparelhos receptores, podendo sintonizar mensagens culturais gratuitas (evidentemente recheadas de anúncios).

Mas o impacto dos veículos sonoros e audiovisuais iria adquirir enormes proporções nas sociedades periféricas – os outrora chamados "países do terceiro mundo", hoje rotuladas como "sociedades emergentes" ou "nações/regiões em desenvolvimento" –, onde os elevados índices de analfabetismo e de escolarização incompleta funcionam como aceleradores de distância entre as massas urbanas e o conhecimento sistematizado.

Pessoas que haviam permanecido à margem da contemporaneidade adquirem a chance de saber o que se passa ao seu redor, com a presença da mídia eletrônica. A radiodifusão abre-lhes uma janela para o mundo. Muito mais que isso: oferece um lenitivo para as agruras do dia-a-dia, superando o isolamento em que viviam no passado, além de proporcionar alternativas de lazer a baixo custo (Lerner; Schramm, 1973).

Nas comunidades em que esse desenvolvimento da mídia ocorre paralelamente à socialização das oportunidades educacionais e culturais – escolas, bibliotecas, museus, centros desportivos, etc. –, verifica-se uma gradativa influência do comportamento coletivo sobre a qualidade dos bens disseminados pela indústria da informação e da diversão. Cidadãos instruídos, que cultivam padrões de sociabilidade mais elevados, tendem naturalmente a reivindicar melhores e renovados produtos da mídia. A própria indústria midiática, estruturada segundo as regras da economia de mercado, procura captar os anseios dos consumidores, atuando em consonância com as suas expectativas. E, quanto maior for a competição entre os produtores, mais benefícios terão os consumidores, pela variedade de opções existente.

Tal dinâmica mercadológica suscita um efeito cascata na relação oferta-demanda, que se traduz pela "lei-de-todos-ou-nenhum". Trata-se de uma tendência observada mundialmente. Os consumidores da mídia geralmente não se restringem a um único veículo ou produto. Manifestam o desejo de se abastecer de conhecimento e lazer em múltiplos canais, ora para aprofundar ou completar a bagagem informacional, ora para prolongar ou refinar o prazer estético.

Assim sendo, uma notícia de jornal conduz a um filme, um seriado na televisão estimula a leitura de um livro, um programa de rádio incita a audição de um disco, um filme motiva a compra de um fascículo ou uma revista (MARQUES DE MELO, 1998).

Em termos quantitativos, há um veículo que monopoliza hoje as atenções dos consumidores: a televisão. Sua vantagem reside no apelo multisensorial (combinando visão e audição e despertando o tato e o olfato pelos efeitos da imagem em movimento). Além disso, cativa os contingentes não-letrados (das crianças em idade pré-escolar aos jovens e adultos que fracassaram cognitivamente ou foram excluídos da escola). Todos eles podem dispensar o domínio do código alfabético para ter acesso às mensagens ali disseminadas.

No caso brasileiro, as crianças consomem 4,12 horas diárias de televisão, os jovens, 3,01 horas e os adultos, 3,27 horas. O hábito de ver televisão está diretamente associado ao tempo em que as pessoas permanecem em casa. Da mesma forma que as crianças, as mulheres (3,54 horas) assistem mais televisão se comparadas aos homens (3,10 horas). Sua função diversional é preponderante em relação aos efeitos informativos e educativos. Aqueles contingentes que dispõem das facilidades do lazer fora de casa geralmente dedicam menos tempo à audiência da TV: as classes AB ficam 3,02 horas diárias diante do televisor, enquanto as classes DE permanecem 3,44 horas (GRUPO DE MÍDIA, 1991).

Sob a liderança da TV, os meios de comunicação de massa desempenham um papel decisivo na formação da população brasileira. Eles atuam verdadeiramente como educadores coletivos.

Esse papel ampliou-se ultimamente, como decorrência da melhoria das condições de vida que os programas assistencialistas acarretaram a bolsões da sociedade antes circunscritos ao território da pobreza. Eliminado o "imposto inflacionário", uma parcela da sociedade conquistou o direito à poupança. Satisfeitas as necessidades básicas de subsistência (principalmente os insumos alimentícios), os neo-consumidores priorizam o universo do lazer massivo, acarretando o incremento da venda de televisores. Esse fator influiu decisivamente no nivelamento por baixo dos padrões da televisão aberta, considerando que a parcela privilegiada da audiência refugiou-se na televisão fechada (canais por assinatura).

Supondo que o tempo dedicado ao consumo da mídia é superior àquele preenchido pela escola, no conjunto da população em idade escolar, vale a pena refletir sobre a natureza da educação coletiva implícita nesse espaço que McLuhan chamou apropriadamente de "aula sem paredes" (McLUHAN, 1968, p. 17-20). Tornando mais complexa a equação, é necessário admitir que se a qualidade do ensino formal proporcionado às novas gerações for deficiente, inegavelmente a cultura de massa tem mais chances de exercer atração e influência sobre as crianças e os adolescentes.

Nesse contexto, convém introduzir a questão da leitura. Seu conceito hoje não se restringe à decodificação da mensagem alfabética, geralmente associado ao livro. Possui uma conotação mais abrangente, pressupondo a compreensão do mundo (MARQUES DE MELO, 1985), e por tabela inclui todos os suportes da difusão cultural. Da imprensa à radiodifusão e aos modernos equipamentos multimídia ensejados pela telemática.

Evidentemente a leitura dos signos disseminados pela tecnologia da reprodução cultural se alicerça na leitura do mundo proporcionada pela educação (ZILBERMAN; SILVA, 1999). Tanto maior o domínio dos códigos e mais oportunidades tem o cidadão para entender o mundo em que vive. Naturalmente a própria vida enseja mecanismos de apreensão do significado da cultura que nos rodeia. Mas é inegável que a sistematização do conhecimento proporcionado pela escola amplia as chances de participação na sociedade e do usufruto dos benefícios disponíveis. Quanto mais escolarização, mais opções de intervenção no cotidiano, e melhores expectativas de bem-estar.

O alicerce para essa leitura contextual está na leitura da palavra. O domínio do código alfabético amplia as fronteiras da abstração e municia o indivíduo para comportar-se empaticamente, tornando-o capaz de enfrentar situações distintas daquelas peculiares à aprendizagem informal do seu meio ambiente. Não basta a prontidão para decifrar o que está escrito. É indispensável o exercício permanente dessa habilidade lingüística. Até mesmo porque ela inspira muitas das operações comunicaionais que se estruturam de acordo com o código sonoro ou o código icônico (ECO, 1976).

Nas sociedades que presenciaram a socialização da leitura da imprensa (livro, jornal, revista) antes do aparecimento dos meios audiovisuais (cinema, rádio, televisão), verificou-se uma forte dependência qualitativa destes novos veículos em relação aos precedentes. Sua leitura foi determinada pelos mecanismos intelectuais forjados pela cultura alfabética. Populações letradas possuíam exigências culturais que conformavam os produtos audiovisuais a padrões estéticos ou conteudísticos bem mais elaborados. Da mesma forma, a disponibilidade de um acervo cultural erudito (literatura, teatro, música, dança, pintura, fotografia, etc.) permitiu que essas obras fossem vulgarizadas para fruição pelas massas que não dominavam os códigos peculiares à elite. Tal fenômeno foi reconhecido como Segunda Revolução Industrial, porque transformou bens culturais, antes privilégio das minorias, em produtos acessíveis a toda a sociedade.

A economia de escala barateou o preço unitário das mercadorias culturais, democratizando o seu consumo. Livros, fascículos, revistas especializadas, discos, fitas, disquetes, CD-roms e outros suportes inovadores permitiram retirar das prateleiras das bibliotecas (e dos centros de documentação artística ou científica) todo o legado cultural estocado pela civilização. Esse mercado de bens portáteis desenvolveu-se na esteira da indústria cultural iniciada pela imprensa e fortalecida pela mídia eletrônica.

Sem dúvida, o livro foi o maior beneficiário dessa operação em cadeia. Considerando-se que as massas detentoras de um nível mediano de escolarização não adquiriram hábitos permanentes de leitura, elas se sentem motivadas a recuperar essa habilidade cada vez que o cinema e a televisão reconstituem obras literárias ou científicas.

As evidências disponíveis demonstram, por exemplo, o estímulo positivo que as telenovelas e os seriados exercem sobre o consumo de livros literários que serviram de fonte para os roteiros das suas estórias. Da mesma maneira, os filmes e os quadrinhos de ficção científica influem na busca de livros acadêmicos que inspiraram as leis ou teorias ali descritas de forma simplificada.

Nesse sentido, é possível afirmar que a leitura da palavra impressa se beneficia enormemente do prévio contato que os consumidores culturais tiveram com as suas versões audiovisuais, principalmente nas sociedades em que a maioria dos cidadãos não foi cativada para o prazer estético da leitura literária ou o desafio reflexivo da leitura científica.

Retornamos aqui à relação entre a base educacional e os hábitos de leitura. Como outras formas de comportamento cultural, a leitura depende fundamentalmente da assimilação de padrões socialmente legitimados. A escola desempenha função crucial no desenvolvimento dos hábitos de leitura. A expansão das oportunidades escolares básicas tem ampliado o contingente de cidadãos aptos à leitura, em nosso País.

Tal reflexo pode ser percebido claramente no incremento da leitura de jornais entre os jovens de 15 a 24 anos. Esse contingente decresceu nas décadas de 1970 e 1980, influindo nas baixas tiragens dos jornais diários editados nas metrópoles nacionais. Os investimentos públicos feitos na educação de primeiro e segundo graus fizeram crescer o hábito de leitura de jornais entre os adolescentes brasileiros. Hoje configura-se um quadro otimista, em que 55% dos jovens exercitam a leitura diária dos jornais impressos. Trata-se de um panorama alentador, embora ainda distante daqueles países que investem pesadamente na Educação Básica. É o caso, por exemplo, das nações historicamente engajadas na inversão educacional, como a Áustria, onde 74% dos jovens entre 15 e 24 anos lêem jornal todos os dias. Situação impressionante é a de Portugal, hoje beneficiado pela integração à Comunidade Européia. Lá existe uma correlação positiva entre o recente investimento educativo e incremento da leitura de jornal. Atualmente, 79% dos jovens entre 15 e 17 anos e 83% dos situados na faixa etária entre 18 e 24 anos lêem jornal diariamente (Thuswohl, 1999, p. 9).

No entanto, apesar das mudanças constatadas no cenário brasileiro, a manutenção da habilidade de leitura nas novas gerações encontra obstáculos significativos: a ausência de uma cultura letrada nas famílias a que pertencem os jovens leitores; a reduzida capacidade aquisitiva das classes trabalhadoras, o que mantém o livro, o jornal e a revista na categoria dos produtos de consumo da elite; e a insuficiência e a fragilidade das agências disseminadoras da cultura impressa, como é o caso das bibliotecas e dos centros de documentação.

Tais fatores exercem um papel inibidor na disseminação da leitura da palavra impressa, bem mais influente do que aquele atribuído à mídia eletrônica, principalmente a televisão. Ampliar a leitura das obras singulares da cultura alfabética é muito mais um desafio político-econômico e sócio-psicológico do que comunicacional.

Isso não significa desconhecer ou minimizar a forte atração que as obras audiovisuais, difundidas pela mídia eletrônica, exercem sobre a sociedade como um todo (Lile, 1993).

MÍDIA & EDUCAÇÃO

Trata-se, antes de tudo, de reconhecer a inegável contingência do avanço tecnológico, com o qual é preciso conviver de forma inexorável e que, por outro lado, tem sido responsável pelo incremento da leitura *on-line* (BALLE, 1997), ou seja, a leitura exercitada nas telas dos computadores pelas minorias que tiveram o privilégio da boa educação e da concentração de renda. O mais é saudosismo. Ou elitismo?

Cultura do silêncio

Não obstante o Brasil inicie o novo século vivendo um dos mais vigorosos estágios da liberdade de imprensa, infelizmente devemos reconhecer que essa constitui um privilégio das elites nacionais. Os grandes contingentes da nossa população permanecem à margem dessa liberdade constitucional. Deixam de usufruir tanto da prerrogativa da livre expressão quanto do direito de acesso à informação que os habilita à plena cidadania e, conseqüentemente, à participação integral na vida democrática.

Testemunhamos a continuidade do fenômeno caracterizado como exclusão comunicacional. Não se trata de situação restrita ao Brasil; é perceptível também num grande número de países. Justamente aqueles que ainda não lograram construir democracias estáveis, onde todos os cidadãos poderiam usufruir os benefícios da modernidade.

Trata-se da persistência daquela cultura do silêncio a que se referiu Paulo Freire quando diagnosticava o mutismo da população brasileira durante o Período Colonial (MARQUES DE MELO, 1999). Tal situação se projetaria sobre o Brasil independente, prolongando-se até meados do século passado, agravando-se pela chaga do analfabetismo.

Sem dominar o código alfabético, sem saber ler, contar e escrever, a maioria da nossa população permaneceu quase muda, pela carência educacional e pela inibição cultural a que foi condenada pelas elites dirigentes.

Ao ingressar no século XXI, o Brasil sofre de mal endêmico. Sua imprensa permanece restrita a uma fatia minoritária da sociedade. É reduzido o número de brasileiros que são leitores regulares de livros, revistas ou jornais, quando comparados aos estadunidenses, canadenses, ingleses, franceses, argentinos ou chilenos.

Assume característica singular a crise nacional da leitura de jornais. A expansão das tiragens diárias mostra-se absolutamente descompassada com o ritmo do incremento demográfico.

Na década de 1950, tínhamos um volume diário de 5,7 milhões de exemplares de jornais para uma população de 52 milhões de habitantes. Chegamos ao século XXI com uma tiragem diária de 7,8 milhões de jornais para uma população estimada em mais de 170 milhões de pessoas.

A população brasileira cresceu mais de 300%, enquanto a tiragem diária de jornais ampliou-se apenas 40%, na última metade do século XX.

O mais grave em tal confronto estatístico está no fato de que, no mesmo período, ampliou-se a escolarização em todo o País, reduzindo-se a taxa de analfabetismo.[1] Concomitantemente, ocorreu elevação da renda nacional, crescendo também a capacidade aquisitiva das camadas médias da nossa população. Mas as tiragens da mídia impressa diária vegetam em patamares inexpressivos.

Essa é a outra face da liberdade de imprensa no Brasil. Ela constitui um privilégio das elites que podem se expressar livremente pelos modernos suportes midiáticos. Representa também um privilégio das classes médias que foram educadas para ler, adquirindo capacidade de abstração para participar do banquete intelectual da humanidade.

---

[1] Fazendo um balanço da conjuntura, a contabilidade pública registra mudanças significativos. "No caso da educação, o avanço foi notável. A proporção de crianças entre 7 e 14 anos que não freqüentavam escola caiu de 13,4% para 3,1%, e houve queda expressiva em todos os demais grupos de idade considerados. É de notar o aumento da escolarização das mulheres, dos mais pobres e dos negros. A taxa de analfabetismo caiu de 16,4% para 11,5%, em dez anos, e não voltará a crescer porque agora as crianças estão freqüentando as escolas" (CARDOSO, 2003).

Ainda que tenham acesso a informações rápidas, condensadas e simplificadas que fluem através da mídia eletrônica, os contingentes majoritários da nossa sociedade não assimilaram os conteúdos culturais que lhes permitissem apreender integralmente os sentidos disseminados pelos produtos da indústria cultural.

Encontram-se privados da liberdade de imprensa na medida em que não têm competência cognitiva. Marginalizados da cultura letrada, não participam eqüitativamente das oportunidades de ascensão social que a sociedade democrática lhes oferece. Excluídos da educação avançada, ficam inferiorizados no acesso aos postos de trabalhos qualificados que emergem no bojo da economia de mercado.

Todo o esforço que vem fazendo o governo brasileiro para ampliar as fronteiras da sociedade da informação em território nacional[2] esbarra justamente no fenômeno da exclusão comunicacional.

Recente pesquisa do IBOPE estima que o universo da internet no Brasil alcança o patamar dos 10 milhões de usuários. Essa cifra é comparável à dos leitores de jornais diários. Trata-se de contingentes superpostos. Os internautas correspondem aproximadamente aos cidadãos que têm o hábito de informar-se pela imprensa.

É possível que a população usuária da *web* venha a duplicar ou triplicar no correr desta primeira década do século XXI. Mas é provável também que esse crescimento não esteja relacionado com o mundo da informação, fortalecendo a cidadania. A deduzir pelos hábitos preferenciais dos internautas desse primeiro ciclo histórico da *web*, que se

---

[2] "O que se sabia com menos clareza era o quanto o nível educacional e o acesso aos meios modernos de comunicação e conhecimento haviam aumentado. Os telefones, presentes em 19% das casas em 1992, existiam em 61,6% em 2002! É o primeiro passo para uma expansão ainda maior do acesso à internet. De um ano para o outro, de 2001 para 2002, os únicos para os quais há dados disponíveis, as residências que dispunham de microcomputadores passaram de 12,6% para 14.2%, das quais 10,3% ligadas à internet" (CARDOSO, 2003).

guiam pelo imediatismo utilitarista ou hedonista, trabalharemos com a hipótese de que a liberdade de imprensa não tende a alargar-se no País, justamente pela incapacidade ou inapetência dos novos cidadãos em relação à informação cotidiana ou contextual. Dessa maneira, a nossa democracia deixará de ser fortalecida pela fragilidade da sociedade civil, pelo raquitismo da cidadania.

A vida democrática ancora-se na liberdade de imprensa, entendida como a expressão plural das correntes de pensamento que atuam na sociedade. Mas ela só se robustece quando o conjunto da sociedade usufrui dos benefícios da informação pública.

A exclusão comunicacional constitui sério risco para a estabilidade democrática e conseqüentemente para a governabilidade. Esse é o dilema principal com que nos defrontamos no limiar do novo século. Vale a pena refletir sobre ele para não repetirmos os erros históricos que puseram a liberdade de imprensa numa gangorra política, alternando momentos de vigência plena nos ciclos democráticos com instantes dramáticos marcados pela restauração da censura nos ciclos autoritários.

Quando uma sociedade preserva o direito de expressão das suas elites, mas garante, ao mesmo tempo, o direito de informação ao conjunto dos seus cidadãos, ela está fortalecendo sua experiência democrática e prevenindo-se contra os retrocessos constitucionais. Só um povo bem informado está apto a escolher governantes capazes de converter a liberdade de imprensa em peça-chave do constante aperfeiçoamento democrático.

REFERÊNCIAS

ALTHUSSER, L. *Aparelhos ideológicos de estado.* 7. ed. Rio de Janeiro: Graal, 1998.

BALLE, Francis. *Médias et societés – de Gutenberg à Internet.* 8. ed. Paris: Montchrestien, 1997.

BELTRÃO, Luiz. *Folkcomunicação: teoria e metodologia.* São Bernardo do Campo: Metodista, 2004.

BRAGA, José Luiz; CALAZANS, Regina. *Comunicação e educação.* São Paulo: Hacker, 2001.

CANCLINI, Nestor Garcia. *Culturas híbridas.* São Paulo: EDUSP, 1997.

CARDOSO, Fernando Henrique. Sobre décadas e heranças. *O Estado de S. Paulo,* São Paulo, 2 nov. 2003, p. 2.

ECO, Umberto. *Apocalípticos e integrados.* São Paulo: Perspectiva, 1976.

FORQUIM, Jean-Claude. *Escola e Cultura – as bases sociais e epistemológicas do conhecimento escolar.* Porto Alegre: Artes Médicas, 1993.

FREIRE, Paulo. *A educação como prática da liberdade.* Rio de Janeiro: Paz e Terra, 1967.

FREIRE, Paulo. *Extensão ou comunicação?* Rio de Janeiro: Paz e Terra, 1971.

FREIRE, Paulo. *Pedagogia da autonomia – saberes necessários à prática educativa.* 27. ed. São Paulo: Paz e Terra, 2003.

GRUPO DE MÍDIA. *Mídia Dados, 1990.* São Paulo, 1991.

JACOBS, Horman. *Culture for the millions?* Boston: Beacon, 1961.

COLEÇÃO "TEMAS & EDUCAÇÃO"

LERNER, Daniel. *The passing of traditional society.* New York: The Free Press, 1958.

LERNER, Daniel; SCHRAMM, Wilbur. *Comunicação e mudança nos países em desenvolvimento.* São Paulo: Melhoramentos, 1973.

LÈVY, P. *Cibercultura.* São Paulo: 34, 1999.

LILE, Jack; MCLEOD, Douglas. *Communication, media and change, mountain view.* California: Mayfield, 1993.

MAGALHÃES, Cláudio Márcio. *Os programas infantis da TV – teoria e prática para entender a televisão feita para crianças.* Belo Horizonte: Autêntica, 2007. (Coleção Cultura, Mídia e Escola).

MARQUES DE MELO, José. *A esfinge midiática.* São Paulo: Paulus, 2004.

MARQUES DE MELO, José. *História social da imprensa.* Porto Alegre: Edipucrs, 2003.

MARQUES DE MELO, José. *Para uma leitura crítica da comunicação.* São Paulo: Paulinas, 1985.

MARQUES DE MELO, José. *Teoria da Comunicação: paradigmas latino-americanos.* Petrópolis: Vozes, 1998.

MARQUES DE MELO, GOBBI; SATHLER. *Mídia cidadã: utopia brasileira.* São Bernardo do Campo: Metodista, 2006.

MARTIN-BARBERO, J. *Dos meios às mediações.* Rio de Janeiro: UFRJ, 1997.

MCLUHAN, Marshall. *A galáxia de Gutenberg.* São Paulo: Nacional, 1972.

MCLUHAN, Marshall. Aula sem paredes. In: CARPENTER; McLUHAN. *Revolução na comunicação.* Rio de Janeiro: Zahar, 1968.

MCLUHAN, Marshall. *Os meios de comunicação como extensões do homem.* São Paulo: Cultrix, 1964.

MENDOZA, Alzira Maria Quiroga. *Associação Educativa Pés no Chão; trajetória inicial de uma proposta pedagógica de trabalho cooperativo.* Dissertação (Mestrado em Educação) – Instituto de Ciências Humanas/Departamento de Educação, Pontifícia Universidade Católica de Minas Gerais, Belo Horizonte, 2001.

MORIN, Edgar. *Cultura de massas no século XX: o espírito do tempo.* Rio de Janeiro: Paz e Terra, 1964.

PESSINATTI, Nivaldo L. *Políticas de comunicação da Igreja Católica no Brasil.* Petrópolis: Vozes; São Paulo: UNISAL, 1998.

RIBEIRO, Darcy. *As Américas e a civilização*. Rio de Janeiro: Civilização Brasileira, 1970.

SÁ, Ivna S. *Nem inimiga, nem aliada - um estudo de caso sobre as percepções que alunas/professoras do curso de Pedagogia da PUC Minas têm da mídia*. Dissertação (Mestrado em Educação) – Instituto de Ciências Humanas/Departamento de Educação, Pontifícia Universidade Católica de Minas Gerais, Belo Horizonte, 2005.

SAVIANI. D. *Filosofia da educação brasileira*. Rio de Janeiro: Civilização Brasileira, 1983.

SILVERSTONE, Roger. *Por que estudar a mídia?* São Paulo: Loyola, 2002.

SOARES, Ismar de O. *Do Santo Ofício à libertação*. São Paulo: Paulinas, 1988.

THOMPSON, John B. *A mídia e a modernidade – uma teoria social da mídia*. Petrópolis: Vozes, 1998.

THUSWOHL, Maurício. Em todo o mundo, jovens lêem cada vez mais. *Jornal da ANJ*, Brasília, jun. 1999, p. 9.

TOSTA, Sandra de Fátima Pereira. *Pedagogia e comunicação no registro da liberdade*. Belo Horizonte: PUC Minas, 2005.

TOSTA, Sandra de Fátima Pereira. O computador não é uma lousa: as tecnologias de comunicação e informação e a prática docente. In: *Educação brasileira*. Revista do Conselho de Reitores das Universidades Brasileiras. v. 22, n. 45, jul./dez., 2000.

TOSTA, Sandra de Fátima Pereira. McLuhan – um visionário da pósmodernidade? In: *Ordem/Desordem*. Belo Horizonte: Fumarc/PUC Minas, 1995.

TOSTA, Sandra de Fátima Pereira. SÁ, Ivna S. *ANPED*. Educação e Processos de comunicação. 5 a 9 out. 2003.

TOSTA, Sandra de Fátima Pereira. O PROINFO e sua especificidade em MG. In: *Revista Educação e Tecnologia*. Belo Horizonte: CEFET, v. 7, n. 2, julho/dezembro, 2002.

WRIGHT, Charles. *Comunicação de massa*. Rio de Janeiro: Bloch Editores, 1968.

ZILBERMAN, Regina; SILVA, Ezequiel Theodoro (ORGS.) *Leitura: perspetivas interdisciplinares*. 5. ed. São Paulo: Ática, 1999.

APÊNDICE A – EDUCAÇÃO NO BRASIL:
DIRETRIZES PARA O MAGISTÉRIO

Ao longo do processo de implantação de diretrizes para melhorias do quadro educacional, buscou-se apresentar por meio do projeto de resolução aprovado pela Câmara de Educação Básica do Conselho Nacional de Educação, as novas diretrizes para os planos de carreira e remuneração para o magistério público nos Estados, Distrito Federal e municípios.

Assim, a redação da Resolução n° 02/97, da Câmara de Educação Básica do CNE, contempla desde as atribuições dos profissionais para o exercício da docência, tanto para a atuação na Educação Infantil e séries iniciais, quanto a docência nas quatro últimas séries do Ensino Fundamental e no Ensino Médio.

Art. 4º O exercício da docência na carreira do magistério exige, como qualificações mínimas:

I – Ensino Médio completo na modalidade normal, para a docência na educação infantil e nas quatro primeiras séries do Ensino Fundamental.

II – Ensino Superior em curso de licenciatura, de graduação plena, com habilitações específicas em área própria, para a docência nas séries finais do Ensino Fundamental e no Ensino Médio.

III – Formação Superior em área correspondente e complementação nos termos da legislação vigente, para a docência em áreas específicas das séries finais do Ensino Fundamental e no Ensino Médio.

§1º o exercício das demais atividades de magistério de que trata o artigo 2º desta resolução exige como qualificação mínima a graduação em Pedagogia ou Pós-Graduação, nos termos do artigo 64 da lei nº 9394, de 20 de dezembro de 1996.

§2º a União, os Estados e os municípios colaborarão para os docentes já em exercício na carreira do magistério. (Resolução nº 02/97)

Contempla igualmente a definição de formas de valorização dos profissionais da educação, inclusive nos termos dos estatutos e dos planos de carreira do magistério público, até o que se refere o inciso VI, alíneas A, B, C, D e E do art. 6º, sobre incentivos de progressão por qualificação de trabalho docente.

Art 6º Além do que dispõe o artigo 67 da lei 9394/96, os novos planos de carreira e remuneração do magistério deverão ser formulados em observância do seguinte:

VI – Constituirão incentivos de progressão por qualificação de trabalho docente:

a) A dedicação exclusiva ao cargo no sistema de ensino;

b) O desempenho no trabalho, mediante avaliação segundo parâmetros de qualidade do exercício profissional, a serem definidos em cada sistema.

c) A qualificação em instituições credenciadas.

d) O tempo de serviço na função docente.

e) Avaliação periódica de verificação de conhecimento na área curricular em que o professor exerça a docência e de conhecimento pedagógico.

Vale ressaltar que a LDB, o Parecer da Resolução nº 10/97, estabelece como Educação Básica a Educação Infantil, o Ensino Fundamental e o Ensino Médio.

O capítulo III do título V da LDB (artigos 22 a 28), que se ocupa da Educação Básica, refere-se às características gerais dessa, o que abrange a organização em séries anuais ou períodos semestrais, como também em ciclos por alternância de períodos de estatutos e outras formas listadas no artigo 23, cumprimento da carga horária de 800 horas de acordo com o calendário escolar o qual admite o planejamento de atividades letivas desde que não provoque a redução da carga horária total exigida, e aumento do ano letivo para 200 dias de trabalho efetivo. O artigo 34 exige no mínimo quatro horas diárias de trabalho no Ensino Fundamental, ressalvada a situação dos cursos noturnos, nos quais são admitidas carga horária menor, desde que cumpridas as 800 horas anuais.

Em relação ao período escolar nos estabelecimentos que adotam a progressão regular por série, é permitida a progressão parcial preservando a seqüência do currículo.

No que diz respeito ao rendimento escolar do aluno, avaliações continuadas e cumulativas devem apresentar o diagnóstico da situação do aluno em relação ao processo de conhecimento. Nesse sentido, a recuperação paralela (artigo IV, inciso V, alínea C da LDB) deve ser oferecida ao estudante com baixo rendimento escolar e deve ocorrer paralelo ao período letivo, em horário interturno. Ainda em relação ao período, ciclo e série, observa-se que está previsto na LDB (artigo 32 a 34) no que diz: o Ensino Fundamental poderá ter seus desdobramentos em ciclos, com duração mínima de oito anos.

Já os documentos que certificam a situação escolar do aluno são de responsabilidade direta da escola. Outra função relevante atribuída à escola é estabelecer o número de alunos por professor em sala de aula, para garantir condições viáveis de trabalho docente.

O Ensino Médio visará o "domínio dos princípios científicos e tecnológicos que presidem a produção moderna", de acordo com a base comum nacional. Poderá também ser orientado para o exercício das profissões técnicas. A Educação Profissional é admitida como habilitação profissional nos próprios estabelecimentos de Ensino Médio e visa a qualificar e requalificar futuros trabalhadores. No inciso II do artigo 4º da LDB, está garantida a progressiva extensão da obrigatoriedade e gratuidade do Ensino Médio público.

Para os alunos que não tiveram acesso ou continuidade de estudo no Ensino Fundamental na idade própria, a nova LDB instaura a Educação de Jovens e Adultos – EJA, admitindo os tradicionais exames supletivos, para as pessoas que não tiveram acesso na idade própria, que compreendem a base nacional comum do currículo. A idade para que jovens e adultos se submetam aos exames supletivos do Ensino Fundamental é a partir dos 15 anos, e 18 anos para o Ensino Médio. O poder público, quando oferecer cursos de EJA, deverá fazê-lo gratuitamente, presencial ou à distância (art. 87, §3º, inciso III). O mesmo vale para os exames supletivos.

Desse modo os objetivos das Diretrizes Nacionais para a Educação abrangem a valorização do professor e demais profissionais da Educação, além da universalização da Educação Básica pública e de qualidade como direito de todos e dever do Estado.

APÊNDICE B – EDUCOMÍDIA NO BRASIL: CRONOLOGIA DOS PRECURSORES

1923 - Roquette-Pinto funda a Radio Sociedade do Rio de Janeiro (atual Rádio MEC) com a finalidade de educar o povo e popularizar a cultura.

1927 - Roquette-Pinto lança o livro *Seixos Rolados*, no qual inclui textos contendo suas idéias educomunicacionais.

1929 - Fernando de Azevedo institui o uso do cinema educativo na rede de ensino primário do Rio de Janeiro.

1931 - J. Canuto Mendes de Almeida lança o livro *Cinema contra cinema* (São Paulo: Nacional), com o aval de Lourenço Filho, defendendo a tese de que os efeitos do "mau cinema" devem ser "curados" pelo "cinema educativo".

1931 - J. Serrano e J. Venâncio Filho lançam o livro *Cinema e educação*, publicado pela Editora Melhoramentos, orientando os jovens a valorizar os elementos positivos do cinema.

1934 - Anísio Teixeira funda no Rio de Janeiro a Rádio Escola Municipal, contando com a colaboração de Roquette-Pinto.

1934 - Celso Kelly publica o livro *Educação Social* (São Paulo: Nacional), no qual reconhece e valoriza o potencial educativo da mídia, especialmente do rádio e dd cinema.

1936 - Roquette-Pinto funda e dirige o Instituto Nacional de Cinema Educativo, convidando Humberto Mauro para produzir documentários históricos.

1939 - Guerino Casasanta, professor da Escola Normal de Belo Horizonte, lança o livro *Jornais escolares* (São Paulo: Nacional), fundamentado nas propostas pedagógicas de Dewey e Freinet.

MÍDIA & EDUCAÇÃO

1944 - Adalberto Mario Ribeiro publica ensaio avaliando a trajetória do cinema educativo no país na *Revista do Serviço Público* (v. 7. n. 3, Rio de Janeiro, p, 1-20).

1945 - Benjamin do Lago dirige o projeto Universidade do Ar, baseado no método da radioescola, patrocinado pelo SENAI e pelo SESC e difundido pelas Emissoras Associadas. As idéias que nortearam a ação educomidiática de Lago estão enfeixadas nos livros *Educação popular: Comunicação, Educação e Desenvolvimento* (Rio de Janeiro:Gernasa, 1969; 1971, 2. ed.).

1946 - A. Salgado publica estudo sobre *A radiodifusão educativa no Brasil*, divulgado pelo MEC, diagnosticando o fenômeno e analisando suas tendências.

1955 - Tasso Vieira de Faria lança a coletânea *Elementos psicopedagógicos e os meios de informação* (Porto Alegre: Editora do Globo), destinada a sensibilizar os futuros jornalistas para a função educativa da mídia.

1957 - Guido Logger lança o livro *Elementos de Cinestética* (Rio de Janeiro: Agir), seguido de *Educar para o cinema* (Petrópolis: Vozes) e *75 anos de cinema* (Rio de Janeiro: CCC), trilogia que muito influenciou os movimentos católicos de leitura crítica do cinema.

1958 - José Rafael de Menezes lança o livro *Caminhos do cinema* (Rio de Janeiro: Agir), obra de referência para o movimento cineclubista do Nordeste.

1963 - Paulo Freire e sua equipe divulgam na revista *Estudos Universitários* (n. 4, Recife: Universidade do Recife) a fundamentação teórica e as diretrizes pedagógicas do processo que veio a ser conhecido como Sistema Paulo Freire, no qual o diálogo comunicação-educação adquire força e se projeta internacionalmente.

1965 - Samuel Pfromm Neto publica o artigo *O impacto da televisão sobre os alunos de escolas primárias*, embrião de uma obra densa e rigorosa, consubstanciada nos livros *Comunicação de massa* (São Paulo: Pioneira, 1972), *Tecnologia da Educação e Comunicação de Massa* (São Paulo: Pioneira, 1977) e *Telas que ensinam* (Campinas: Alínea, 1998).

1965 - Alfredina Paiva e Souza publica o *Relatório da TV Escola* (Rio: Fundação João Batista do Amaral), avaliando a experiência carioca de ensino pela televisão.

1966 - Myriam Brindeiro Vasconcelos publica a monografia *Televisão em Pernambuco* (Recife: INEP-CRPE), analisando a programação da televisão comercial e seus usos, com a finalidade de planejar a grade de conteúdos da televisão educativa.

1967 - Irene Tavares de Sá publica o livro *Cinema e educação* (Rio de Janeiro: Agir), obra de referência para os professores da rede escolar em todo o país.

1970 - Anísio Teixeira publica a resenha antológica *O pensamento precursor de McLuhan* na *Revista Brasileira de Estudos Pedagógicos* (Brasília, v. 54, n. 119, jul./set. p. 242-248), na qual analisa e descreve a forma por meio da qual o autor sente e explica o papel das tecnologias na variação de nossos modos de usar os sentidos e os novos desafios apresentados por esses processos para a harmonização de nossa percepção e de nosso ser.

1971 - Lauro de Oliveira Lima publica o ensaio *Mutações em educação segundo McLuhan* (Petrópolis: Vozes), que se converte em *best seller*, contribuindo para neutralizar os preconceitos dos educadores em relação ao sistema midiático e para fomentar o diálogo interdisciplinar de que resultou o campo da educomídia no Brasil.

MÍDIA & EDUCAÇÃO

Apêndice C – Fontes multimídia: ONGs, revistas, livros e portais[1]

Oferecemos um mapa que tem como objetivo orientar buscas no campo da mídia e educação e seus usos. As indicações bibliográficas são comentadas brevemente. Trata-se de uma biblioteca multimídia – livros, revistas, vídeos, filmes, sites, ONGs. Temos consciência de que muitos títulos e autores poderiam ter sido indicados. Entretanto, o limite de uma publicação como esta não permite uma cobertura ampla e mais completa da produção e do desenvolvimento de projetos na área, o que, por si só, exigiria uma publicação exclusivamente voltada para esse fim.

Organizações não-governamentais – ONGs

Rede Andi – Brasil (www.andi.org.br)

A ANDI (Agência de Notícias dos Direitos da Infância) é uma associação civil de direito privado sem fins lucrativos, cuja missão é contribuir para a construção, nos meios de comunicação, de uma cultura que priorize a promoção e defesa dos direitos da criança e do adolescente. A ANDI considera que a democratização do acesso aos direitos sociais básicos à infância e à adolescência é condição fundamental para a eqüidade social e para o desenvolvimento humano. Foi criada em 1993 pelos jornalistas Âmbar de Barros e Gilberto Dimenstein.

Endereço: Ed. Boulevard Center, bloco A, sala 101, Brasília-DF. CEP: 70391-900. Telefone: (61) 2102-6508 / Fax: (61) 2102-6550

---

[1] Colaboraram com essa pesquisa os bolsistas de iniciação científica Débora Antônia Medeiros, Heloisa de Lourdes Moreira, Bruna Guzmán, Érika de Jesus Soares e Érica Cristina

Auçuba – Comunicação e Educação – Recife/PE (www.aucuba.org.br)

O projeto Escola de Vídeo visa a desenvolver a criticidade e a criatividade de jovens, utilizando a comunicação numa perspectiva educativa. O objetivo é intervir na comunidade, implementando núcleos de comunicação em escolas públicas municipais e estaduais.

Endereço: R. Quarenta e Oito, 668, B. Encruzilhada, Recife-PE. CEP: 52050-380. Telefone: (81) 3426-6386

Bem TV – Educação e Comunicação – Rio de Janeiro/RJ (www.bemtv.org.br)

Dentro do projeto Olho Vivo, foi criada a Rede Jovem de Comunicação do Morro do Preventório (Niterói), formada pelo jornal Palavra do Morro e pela TV de rua Nós na Fita. Os jovens, que têm como objetivo a melhoria da qualidade de vida da comunidade, resolveram lutar também pela transformação do ambiente escolar. O projeto tem a parceria do Instituto C&A.

Endereço: R. General Osório, 49, B. São Domingos, Niterói-RJ. CEP: 24210-190. Telefone: (21) 3604-1665

CECIP – Centro de Criação de Imagem Popular – Rio de Janeiro/RJ (www.cecip.org.br)

Com o projeto Botando a Mão na Mídia, o CECIP trabalha a interseção entre comunicação e educação, dando elementos para os educadores terem uma leitura crítica da mídia, especialmente da televisão. O CECIP concebe, realiza e implementa projetos para democratizar o acesso da população a informações qualificadas, estimulando sua participação na construção de políticas públicas justas e de uma sociedade melhor.

Endereço: Largo de São Francisco de Paula, 34, 4º andar, Rio de Janeiro-RJ. CEP: 20051-070. Telefone: (21) 2509-3812

Cidade Escola Aprendiz – Cidade Escola Aprendiz – São Paulo/SP (www.aprendiz.org.br)

Da relação jornalistas/estudantes nasceram os programas educomunicativos que envolvem jovens na produção de rádio, vídeo, fanzine e conteúdo para o site. Esses programas se entrelaçam

MÍDIA & EDUCAÇÃO

a outros envolvendo arte e tecnologias nas chamadas Trilhas Urbanas, principal atividade do Aprendiz.

Endereço: Rua Belmiro Braga, 146, B. Vila Madalena, São Paulo – SP. CEP: 05432-020. Telefone: (11) 3819-9225/9226

Cipó – Comunicação Interativa – Salvador/BA (www.cipo.org.br)

O projeto Escola Interativa utiliza a metodologia da Educação pela Comunicação aplicada ao ensino escolar, favorecendo a construção de conhecimentos e o desenvolvimento de habilidades e competências nesse campo. Alunos e professores se envolvem na produção de peças de comunicação (ensaios fotográficos, vídeos, cartazes, HQs, sites) e geram novos processos de educação e/ou de mobilização social.

Endereço: R. Amazonas, 782, B. Pituba, Salvador – BA. CEP: 41830-380. Telefone: (71) 3240-4477

Comunicação e cultura – Fortaleza/CE (www.comcultura.org.br)

O projeto Primeiras Letras já foi implementado em cerca de 1.000 escolas do Ceará e em outras 30 de Pernambuco. Cada escola tem seu próprio jornal, que é feito a partir de textos e desenhos dos alunos do Ensino Fundamental. Promovido pela Rede Jornal Escola, o projeto está agora em sua fase de disseminação nacional.

Endereço: R. Castro e Silva, 121, Centro, Fortaleza – CE. CEP: 60030-010. Telefone: (85) 3231-6092

MOC – Movimento de Organização Comunitária – Salvador/BA (www.moc.org.br)

A campanha Nossa Rádio Comunitária visa a mobilizar e informar as comunidades em favor das 15 rádios comunitárias filiadas à ABRAÇO-Sisal, além de sensibilizar os movimentos sociais nos municípios e na região para apoiar essas emissoras. A campanha se desenvolve nas próprias rádios comunitárias, utilizando *jingles*, *spots* e depoimentos de militantes e apoiadores da causa, mas busca também mobilizar outros meios de comunicação na região e no Estado da Bahia, com a produção de

COLEÇÃO "TEMAS & EDUCAÇÃO"

pautas. Cartazes, *folders*, adesivos e a veiculação de informações em sites na internet e em boletins impressos e eletrônicos procuram potencializar a visibilidade da campanha.
Endereço: R. Pontal, 61, B. Cruzeiro, Feira de Santana-BA. CEP: 44017-170. Telefone: (75) 3221-1393

Multirio – Empresa Municipal de Multimeios – Rio de Janeiro (www.multirio.rj.gov.br)

Produção e veiculação de mídia de qualidade (TV, internet, publicações) para crianças, adolescentes e professores, e sua relação com o trabalho pedagógico desenvolvido nas escolas, com destaque para a Tvzinha. O site <www.multirio.rj.gov.br/seculo21> busca discutir grandes temas do novo milênio, a partir de questões do cotidiano do educador e do adolescente.
Endereço: Largo dos Leões, 15, B. Humaitá, Rio de Janeiro-RJ. CEP: 22260-210. Telefone: (21) 2528-8205

NCE – Núcleo de Comunicação e Educação da Escola de Comunicações e Artes da Universidade de São Paulo. ECA/USP (www.usp.br/nce)

O objetivo do Educom.rádio é o de resolver um problema específico: combater a violência, favorecendo uma cultura de paz nas escolas do Ensino Fundamental da rede pública municipal de ensino. O programa privilegia, neste contexto, o emprego da linguagem radiofônica por meio da introdução de um laboratório de rádio em cada escola, onde professores e alunos elaboram projetos educomunicativos solidários e integrados às práticas curriculares.
Endereço: Av. Prof. Lúcio Martins Rodrigues, 443, bloco 22, sala 26, Cidade Universitária, São Paulo-SP. CEP: 05508-900. Telefone: (11) 3091-4784

Oficina de Imagens - Comunicação e Educação – Belo Horizonte/MG (www.latanet.org.br) e (www.oficinadeimagens.org.br)

O projeto Latanet – da latinha à internet – é uma proposta pedagógica que une currículo escolar, mídia, cidadania e cotidiano do estudante. Promove a inclusão das linguagens e tecnologias da comunicação (fotografia, rádio, jornal, TV, Internet) no ambiente escolar, atraindo e provocando a participação na comunidade e a criação de redes de intercâmbio de informações entre jovens e educadores de diferentes escolas. Desde 2002, o projeto Latanet vem sendo desenvolvido com professores e alunos de 32 escolas na rede pública municipal de educação de Belo Horizonte. **Endereço:** R. Salinas, 1101, B. Santa Teresa, Belo Horizonte-MG. CEP: 31015-190. Telefone: (31) 3482-0217

Projeto Saúde e Alegria – Santarém/PA (www.saudeealegria.org.br)

A Rede Mocoronga de Comunicação Popular é iniciativa do Projeto Saúde & Alegria, ONG que atua em 143 comunidades ribeirinhas dos municípios de Santarém e Belterra com programas de desenvolvimento comunitário integrado e sustentável. Foco no protagonismo juvenil e a na cidadania por meio de Educomunicação – produção de jornais, vídeos e programas de rádio, difundido conteúdos locais entre as comunidades e destas para o Brasil e o mundo.

Endereço: Travessa Dom Amando, 697, Santarém – PA.

CEP: 68005-420. Telefone: (93) 3522-2161/5144

Agência Uga-Uga de Comunicação – Manaus/AM (www.agenciaugauga.org.br)

O jornal Uga-Uga é um veículo de formação e informação que aposta no desenvolvimento do senso crítico da comunidade estudantil, publicando matérias com temas do cotidiano dos jovens. Seu objetivo geral é contribuir para a melhoria da qualidade do processo ensino-aprendizagem de jovens e adolescentes da rede pública de ensino do Amazonas. O jornal Uga-Uga originou-se do Projeto Jornal na Escola, em 1997, por iniciativa da Secretaria Municipal de Educação de Manaus em parceria com o UNICEF, tendo como filosofia o protagonismo juvenil e a educação pela comunicação.

Endereço: R. Diogo Bernardes, 72, Conjunto Habitacional Jardim Espanha 3, B. Aleixo, Manaus – AM. CEP: 69060-020. Telefone: (92) 642-8013/9003

Ciranda Central de Notícias dos Direitos da Infância (http://www.ciranda.org.br/)

Tem a missão de fazer da comunicação social um instrumento para a promoção e defesa dos direitos da infância e adolescência, cooperando para uma cobertura jornalística mais efetiva na área infanto-juvenil.

TVER (www.intelecto.net/abt)

Tem como missão institucional promover os direitos dos telespectadores e a educação crítica para os meios de comunicação. Produz cartilhas e outros materiais para uso didático. O TVer e a ABT autorizam a impressão e utilização da versão eletrônica da Cartilha, publicada no site <www.tver.org.br>, desde que seja para fins estritamente pedagógicos e não-lucrativos.

Contatos: (21) 553 2123
E-mail: abt@domain.com.br/

AIC – Associação Imagem Comunitária – Belo Horizonte/ MG (www.aic.org.br)

A Associação Imagem Comunitária (AIC) é uma ONG que atua na promoção do acesso público aos meios de comunicação. A AIC constrói espaços na mídia para que grupos com poucas oportunidades de visibilidade se coloquem no debate público, fomentando, assim, a construção da cidadania. Desde 1993, a AIC realiza oficinas de comunicação para a cidadania e estimula a criação de meios de comunicação comunitários. Sua atuação dá-se junto aos mais diversos públicos: população de rua, usuários de serviços de saúde mental, crianças que vivem em vilas e favelas, jovens protagonistas de projetos sociais e culturais, ONGs e grupos de todas as regiões de BH.

Endereço: R. Aquiles Lobo, 309, Floresta, Belo Horizonte – MG. CEP: 30.150-160. Telefax: (31) 3224.3463 / 3213. 8299
E-mail: aic@aic.org.br

Livros – Artigos

CHARLOT, B. *Da relação com o saber – elementos para uma teoria.* Porto Alegre: Artmed, 2000.
Charlot promove uma rica reflexão acerca da relação existente com o saber, com o aprender e com a escola. O autor entende que a problemática do fracasso escolar situa-se num campo de teorias construídas e opiniões de senso comum, por isso procura abordá-la de uma forma nova. Para Charlot, a relação com o saber

e aprender devem ser entendidas como conjunto de significações e espaços de atividades do sujeito inscritos num tempo. Mobilização, atividades e sentidos emergem como noções centrais da relação com o saber, e a problemática na escola deve ser trabalhada na perspectiva de distintas formas de relação com este saber e aprender, identificadas em casos singulares de situações de sucesso e de fracasso escolar.

BELLONI, Maria Luíza. *O que é mídia-educação.* Campinas: Autores Associados, 2001. (Coleção Polêmicas do nosso tempo; 78)
O livro é uma coletânea de trabalhos científicos apresentados em fóruns de discussão, sobre o uso educativo das tecnologias de informação e comunicação.

BRAGA, José Luiz; CALAZANS, Regina. *Comunicação e educação.* São Paulo: Hacker, 2001.
O livro analisa os dois campos, educação e comunicação, como interfaces, identificando e discutindo áreas de confluência, de tensões e de possibilidades entre meios de comunicação e escola.

BUCCI, Eugênio (Org). *A TV aos 50 – criticando a TV brasileira no seu cinqüentenário.* São Paulo: Fundação Perseu Abramo, 2000.
O livro reúne artigos críticos de diferentes autores que propõem uma reflexão a respeito do papel exercido pela TV desde a sua implantação no Brasil, tendo ela alcance maior que os meios de comunicação impressos. Os textos mostram como o Estado e as autoridades interferem nas informações veiculadas ao público, além de influenciar na educação, na construção da personalidade das pessoas e no modo de vida da sociedade.

CASTELLS, Manuel. *Sociedade em rede.* São Paulo: Paz & Terra, 1999.
Este primeiro volume da trilogia *A Era da Informação – Economia, Sociedade e Cultura* explica o processo que levou o planeta a se organizar numa gigantesca rede de informação e especula sobre o impacto que esse tipo de organização terá nas sociedades do século XXI.

CREEL, Mercedes Charles; GÓMEZ, Guilhermo Orozco. *Educación para la recepción – hacia uma lectura crítica de los medios.* México: Trillas, 1995.
O livro reúne textos de autores de vários países, procurando discutir sobre o papel, função e conseqüências sociais dos meios de

comunicação nas sociedades modernas. Os autores examinam criticamente os vínculos entre o aparato escolar e o potencial comunicativo dos meios, especialmente a televisão.

FONSECA, Claudia. *Os meios de comunicação vão à escola*. Belo Horizonte: Autêntica, 2003.
A autora analisa uma experiência do projeto de um jornal diário que vai às escolas públicas de Belo Horizonte

FREINET, Celestín. *O Jornal escolar*. 2 ed. Lisboa: Estampa, 1974.
O *Jornal Escolar* é a pedra de toque das técnicas de Freinet. O que é um jornal escolar? Quais são os seus princípios de base, psicológicos, pedagógicos e técnicos? Que caminhos pedagógicos nos abre ou nos promete? É disso justamente que esse livro nos fala. Fruto de uma larga experiência de 50 anos estendida a milhares e milhares de escolas por todo o mundo, impôs-se como instrumento original da pedagogia escolar. Nele convergem o texto livre, o limógrafo e a imprensa, que impuseram a ação pedagógica de Célestin Freinet, enquadrada num dinâmico movimento cooperativo que sustenta, quer a nível escolar quer a nível interescolar, essa instituição que se chama "Pedagogia Freinet".

FREIRE, Paulo. *Extensão ou comunicação?* Rio de Janeiro: Paz e Terra, 1971.
Um dos clássicos do autor, este livro examina e analisa criticamente as distinções conceituais, metodológicas, políticas e ideológicas entre "comunicação" e "extensão", a partir de experiência de reforma agrária no Chile, na década de 70, para o qual prestava assessoria educacional. E mostra como a comunicação é um processo dialógico que embasa uma educação libertadora e a extensão é embasada no autoritarismo de quem, detentor de conhecimento, estende ao outro que nada sabe.

MAGALHÃES, Cláudio Márcio. *Os programas infantis da TV – teoria e prática para entender a televisão feita para crianças.* (Coleção Cultura, mídia e escola). Belo Horizonte: Autêntica, 2007.
Programa educativo é o da TV educativa? O que são TVs educativas e TVs comerciais? O que distingue programas como Xuxa e Castelo Rá-tim-bum? Em que teorias pedagógicas se apóiam esses programas? Que relações podemos estabelecer entre educação, conhecimento e comunicação? Que lugar ocupa a TV na

educação de crianças? Essas são algumas das questões abordadas e discutidas no livro, o qual oferece argumentos consistentes sobre a interação entre profissionais da educação e da comunicação ainda em seus percursos formativos.

KUNSCH, Margarida Maria Krohling. (Org.). *Comunicação e Educação – caminhos cruzados*. São Paulo: Loyola, 1986.
Pioneiro na abordagem da temática, esse livro traz inúmeras experiências que unem educação e comunicação, seja no uso dos meios, seja no entendimento da educação como processo de comunicação, desenvolvidas tanto na escola, quanto fora dela.

MARQUES DE MELO, José. *Comunicação e Libertação*. Petrópolis: Vozes, 1981.
A obra contém ensaios pertinentes a esta temática, especialmente o que trata da comunicação na pedagogia de Paulo Freire e discute a presença do jornal na sala de aula.

MARQUES DE MELO, José. *Para uma leitura crítica da comunicação*. São Paulo: Paulinas, 1985.
Propondo uma leitura permanente da realidade em que vivemos e na qual intervimos, o autor oferece instrumental teórico para a análise da mídia no Brasil.

MATTELART, Armand; MATTELART, Michèle. *História das Teorias da Comunicação*. São Paulo: Loyola, 1999.
Os dois autores canadenses procuram dar conta da pluralidade e da dispersão do campo científico da comunicação que, historicamente, se inscreveu na tensão entre redes físicas e imateriais, entre o biológico e o social, a natureza e a cultura, discursos e dispositivos técnicos, economia e cultura, indivíduo e sociedade. E constroem uma história das teorias que, sem apego cronológico, demonstram como a comunicação se recobre de múltiplos sentidos e, por isso mesmo, situa-se na encruzilhada de vários outros campos científicos como a Antropologia, a Sociologia, a Economia, a Semiótica, a Política, etc.

MCLUHAN, Marshall. *Os meios de comunicação como extensão do homem*. São Paulo: Cultrix, 1964.
Nessa obra o autor explana suas idéias acerca da função dos meios de comunicação de massa na vida em sociedade e o impacto das novas tecnologias no cotidiano do homem. Para McLuhan, os meios

de comunicação de massa são considerados como extensão do homem por afetarem profundamente a vida física e mental desses, conduzindo-o para um mundo de novas relações, muito mais interativo. Ele sustenta esse aspecto como inerente à própria natureza dos meios de comunicação (TICs) pelo seu poder de transformar a forma de pensar, de agir e de relacionar dos indivíduos.

PRETTO, Nelson. *Mídias digitais – a visão da academia sobre o admirável mundo novo da comunicação de massa.* São Paulo: Paulinas, 2005.

Ao longo de 368 páginas, a obra apresenta a coletânea de 13 ensaios sobre comunicação, distribuídos em 21 autores. Em seu conjunto, ela acena com o discurso das boas intenções estatais e das esperanças acadêmicas para as novas mídias digitais, aguardadas ainda durante o governo Lula, para o aperfeiçoamento da democracia e da cidadania.

SILVERSTONE, Roger. *Por que estudar a mídia?* São Paulo: Loyola, 2002. Com essa provocante pergunta, o autor nos oferece uma sofisticada análise da mídia na sociedade contemporânea e defende que dela não podemos escapar, já que os meios estão presentes na nossa "experiência", e sem eles não compreendemos o mundo em que vivemos.

SOUZA, MAURO Wilton (Org.) *Sujeito, o lado oculto do receptor.* São Paulo: ECA/USP/Brasiliense,1995.

O livro reúne textos de vários autores que discutem o processo da comunicação do ponto de vista da recepção enquanto um cenário ativo e produtor de sentidos. As relações entre cultura e ideologia, imaginário social e subjetividade, entre outras, são tematizadas nesse livro.

THOMPSON, John B. *A mídia e a modernidade – uma teoria social da mídia.* Petrópolis: Vozes, 1998.

O autor desenvolve uma teoria social da mídia e de seu impacto. Sustenta que o desenvolvimento da mídia transformou a constituição espacial e temporal da vida social, criando novas formas de ação e interação não mais ligadas ao compartilhar de um local comum.

TOSTA, Sandra de Fátima Pereira. McLuhan: um visionário da pós-modernidade? In: *Ordem/desordem.* Belo Horizonte: Fumarc/PUC Minas, 1995.

O artigo faz uma revisão do pensamento de McLuhan, apontando como o autor, ainda na década de 1940, sinalizou para o futuro da comunicação e suas repercussões econômicas, culturais e cognitivas na sociedade contemporânea.

TOSTA, Sandra de F. Pereira. *Pedagogia e Comunicação no registro da liberdade.* Belo Horizonte: PUC Minas, 2005.
O livro é resultado de uma ampla pesquisa histórica sobre as relações da Igreja Católica com os meios de comunicação de massa, buscando a compreensão de ações da Igreja de Belo Horizonte nos campos da Educação e da Comunicação com a criação da Faculdade Comunicação na PUC Minas, na década de 1970.

VERMELHO, Sônia Cristina; ABREU, Graciela Inês Presas. Estado da arte da área de Educação & Comunicação em periódicos brasileiros. In: *Educação e Sociedade.* Campinas, vol. 26, n. 93, p. 1413-1434, Set./Dez. 2005. Disponível em <http://www.cedes. unicamp.br>
As autoras fazem uma extensa e cuidadosa pesquisa bibliográfica mapeando artigos publicados em 58 periódicos nacionais das áreas da Educação e Comunicação, entre os anos de 1982 e 2002, totalizando 1599 artigos lidos. O objetivo foi traçar um perfil da produção brasileira sobre a problemática envolvendo Educação e Comunicação e, a partir dele, identificar alguns aspectos relevantes ou lacunas na produção da área.

Revistas

Comunicação e Educação. São Paulo: Edições Paulinas/USP.
(http://www.eca.usp.br/comeduc)

Revista Brasileira de Ciências da Comunicação. São Paulo, Sociedade Brasileira de Estudos Interdisciplinares da Comunicação – INTERCOM.
(http:// revcom2.portcom.intercom.org.br/rbcc.ojs)

Revista Famecos. Porto Alegre: Pontifícia Universidade Católica do Rio Grande do Sul.
(http://pucrs.br/famecos/pos/)

Comunicação e Sociedade. São Bernardo do Campo: Universidade Metodista de São Paulo.
(www.metodista.br/editora)

Educação & Sociedade. Campinas: Universidade Estadual de Campinas.
(www.cedes.unicamp.br)

Revista Nova Escola. São Paulo: Editora Abril.
(http://revistaescola.abril.com.br/home/)

Imprensa. São Paulo: Imprensa Editorial Ltda.
(www.portalimprensa.com.br)

Sites

INTERCOM – Sociedade Brasileira de Estudos Interdisciplinares da Comunicação.
(www.intercom.org.br)

ANPED - Associação Nacional de Pesquisa e Pós-Graduação em Educação
(www.anped.org.br)

COMPÓS - Associação Nacional de Pesquisa e Pós-Graduação em Comunicação
(www.compos.org.br)

ENDIPE - Encontro Nacional de Didática e Prática de Ensino
(www.endipe.org.br)

Outros:

(http://www.midiativa.org.br/index.php/midiativa/content/view/full/102/)

(http://abt-br.org.br/index.php)

(http://portal.mec.gov.br/seed/index.php?option=content&task=view&id=190&Itemid=333)

(http://www.vector-logos.com/logo-en-13030.html)

(http://jornalismodeeducacao.blogspot.com/2007/09/mdia-vai-escola.html)

(http://www.ritla.net/index.php?option=com _frontpage &Itemid=110)

(http://www.jornalescolar.org.br/site/1376/nota/20121)

(http://www.escoladopovo.org/category/midia/)

MÍDIA & EDUCAÇÃO

Dois filmes

Cidadão Kane. Direção: Orson Welles. Estados Unidos; Warner Home Vídeo, 1941. 1 DVD p/b (119 min).
A ascensão de um mito da imprensa americana, de garoto pobre no interior a magnata de um império dos meios de comunicação. Inspirado na vida do milionário William Randolph Hearst.

O quarto poder. Direção: Costa Gravas. Produção: Stephen Brown, Wolfgang Glattes, Anne Kopelson. Estados Unidos; Warner Home Vídeo, 1997. 1 DVD (115 min.).
Conta a história de um popular repórter da TV americana que vive no anonimato. Mas sua carreira pode mudar. Ao entrevistar a diretora de um museu, ele conhece o ex-segurança Sam Baily (John Travolta), que quer seu emprego de volta. Armado até os dentes, ele dispara um tiro acidental e, a partir daí, sua situação fica ainda mais complicada: faz da diretora a sua refém. Esse erro será o trampolim para o repórter voltar a ser visto por todo o País, numa cobertura jornalística que revela a complexidade de tratar a realidade.

OS AUTORES

José Marques de Melo

Jornalista, escritor, professor universitário, pesquisador científico e consultor acadêmico. Docente-fundador da Escola de Comunicações e Artes da Universidade de São Paulo (ECA-USP), instituição onde fez carreira na área de Ciências da Comunicação, obtendo os títulos de doutor, livre-docente, professor-adjunto e professor catedrático de Jornalismo. Atuou como pesquisador/professor visitante e proferiu conferências em várias universidades estrangeiras. Atualmente é docente do Programa de Pós-Graduação em Comunicação Social da UMESP, sendo titular da Cátedra Unesco de Comunicação para o Desenvolvimento Regional. Fundou e presidiu a Sociedade Brasileira de Estudos Interdisciplinares da Comunicação – INTERCOM e a Rede Alfredo de Carvalho de História da Mídia. É autor de inúmeros livros, dos quais os mais recentes são: *História do pensamento comunicacional* (Paulus, 2003), *História social da imprensa* (EdiPUCRS, 2003), *Jornalismo brasileiro* (Sulina, 2003), *A esfinge midiática* (Paulus, 2004), *Midiologia para iniciantes* (EDUCS, 2005), *Comunicação eclesial* (Paulinas, 2005), *Teoria do jornalismo* (Paulus, 2006), *Mídia e cultura popular* (Paulus, 2008).

Sandra Pereira Tosta

Jornalista, relações públicas, professora universitária, pesquisadora científica. Docente Titular da Pontifícia Universidade Católica de Minas Gerais (PUC Minas), onde se graduou em Comunicação Social. É mestre em Educação pela UFMG e doutora em Antropologia Social pela USP. Atua como pesquisadora/professora no Programa de Pós-Graduação em

Educação, Faculdade de Comunicação e Artes e Departamento de Educação da PUC Minas. É autora do livro *Pedagogia e Comunicação no registro da liberdade* (PUC Minas, 2005) e co-autora do livro: *Bernardino Leers: um jeito de viver – religião, sociedade e política* (Vozes, 2000), co-organizadora do livro *Educação, cidade e cidadania – leituras de experiências socioeducativas* (Autêntica, 2006) e autora de inúmeros artigos, dentre os mais recentes: "Jovens em Escolas: sociabilidades contemporâneas" (*A escola e seus atores*. Autêntica, 2005), "A praça é do povo como o céu é do avião!" (*Educação, cidade e cidadania*. Autêntica, 2006), "Antropologia e Educação: interfaces em construção e a cultura na escola" (*Dimensões da prática docente*. Vozes, no prelo), "2006 – Uma odisséia das culturas" (*Revista do Instituto de Ciências Humanas*. v.12, n.2, set. 2007). É coordenadora da coleção Cultura, Mídia e Escola, da Editora Autêntica.

QUALQUER LIVRO DO NOSSO CATÁLOGO NÃO ENCONTRADO NAS
LIVRARIAS PODE SER PEDIDO POR CARTA, FAX, TELEFONE OU PELA INTERNET.

Rua Aimorés, 981, 8º andar – Funcionários
Belo Horizonte-MG – CEP 30140-071

Tel: (31) 3222 6819
Fax: (31) 3224 6087
Televendas (gratuito): 0800 2831322

vendas@autenticaeditora.com.br
www.autenticaeditora.com.br

ESTE LIVRO FOI COMPOSTO COM TIPOGRAFIA GARAMOND LIGHT E IMPRESSO
EM PAPEL OFF SET 75 G. NA SEGRAC EDITORA E GRÁFICA.